JN0181327

世界レベルの工場の経営・運営を目指す

工場長の教科書

古谷賢一

工場力強化の達人から実践的ノウハウを学ぶ

日経BP

はじめに

　本書は経営に貢献できる強い工場を造るために、深く理解しておくべきことを解説した工場マネージャーのための教科書です。工場長や製造部長といった生産拠点を経営するトップ層はもちろん、製造課長や技術課長など、工場において重要な位置を占める工場マネージャーのための教科書でもあります。また、近い将来に工場を統括する職責に就くべき人にも読んでいただきたい内容が詰まっています。

　工場マネージャーに向けた実務領域の指南書は数多（あまた）あります。そもそも、工場マネージャーは、実務者として成果を上げてきた人が、その実績と能力を評価されてマネジメントを担う立場になることが一般的です。そのため、工場マネージャーに対する実務の指南書は、自身の過去の経験で不足している面を補うために読むか、あるいは過去の経験を体系的に振り返って納得するために読むか、といった使い方が主になると思います。このような指南書は、工場マネージャーの実務能力の向上にはとても有益なものだといえるでしょう。

　ところが、経営の視点で「工場運営をどうすべきか」や「工場のものづくりとは、どうあるべきか」を解説した教科書は、私の知る限りほとんどありません。そのために、多くの工場マネージャーは「職場内訓練（オン・ザ・ジョブ・トレーニング；OJT）」の美名の

下、「組織を動かすのは、知識や理屈ではない。実践で体得せよ（身体で覚えよ）」というもっともらしい掛け声に従って、有効な武器（適切な知識）を持たないまま工場経営という「勝つ」か「負ける」かを問われる激しい戦いに素手で臨むことを強いられているのです。これでは、せっかくの人材が工場マネージャーの任に就いても、期待通りの経営成果を出すことが難しいのは言うまでもありません。

　このような工場マネージャーの育成方法で生き残った人材（工場経営で目覚ましい成果を上げた人材）は、優秀な経営幹部として活躍することでしょう。しかし、いわば 10 人いる将来の幹部候補者の中から 1 人の優秀な人材を発掘できたとしても、表現は良くないのですが、人材育成の「歩留まり」が悪すぎます。黙っていても優秀な人材が次々と供給されるような外資系コンサルティング会社などとは違って、特殊な環境にない企業は、限られた人材リソースを最大限に有効活用するしかないのです。そのためには、人材育成の「歩留まり」を高め、より多くの優秀な工場マネージャーを育て上げることが重要な経営課題だと考えるべきです。

　本書は、まさに工場マネージャーが、工場経営という戦場で生き残るために必ず持っておくべき「武器」と「防具」の役割を果たすことを狙いとしています。

　工場マネージャーとして、ぜひ認識していただきたいことがあります。経営に貢献しつつ、世界レベルで戦える強い工場を造り上げ

るために重要なことは、何も特殊なマネジメントテクニックを身に付けることではありません。工場としてやるべきことの本質を深く理解し、そしてやるべきことを確実に行うことです。

　筆者が座右の銘にしている言葉に「当たり前のことをすれば、当たり前に成果が出る」というものがあります。これは、筆者が住友金属工業（現日本製鉄）で実務者として勤務していた当時に、事業部長であった友野宏氏（後に住友金属工業社長、住友金属工業と新日本製鐵との合併後は新日鐵住金の初代社長）が、筆者の業務論文の発表会でコメントされた言葉です。やるべきことが十分にできていない点を冷静に捉えて、地道に問題を潰し込んだ活動に対するありがたい賛辞でした。私の論文は、活動を派手に報告するものではなかったため、部内では「面白みがない」と酷評する人もいましたが、「こういう活動が大事なんだ」という友野氏のコメントで周囲の反応が変わったことが印象的でした。

　同氏は後に社長に昇格し、危機的な状況にあった会社の経営を引き受けた時に、「我が社は、当たり前のことができていない。従って、当たり前のことを、当たり前にできる会社になる」と宣言され、その後、忠実にその言を実行したことで業績を回復させたことは報道でも知られているところです。

　本書では、工場経営において、「当たり前に理解しておくべきこと」と「当たり前に実行しておくべきこと」を、実務者にとって分かりやすい表現で書くことに努めました。

第1章では工場管理の基本、第2章ではサプライチェーンを通してきちんと造るための条件、第3章では改善活動を通して品質をより良くするための条件、そして第4章では原価管理を通してきちんと儲けるための条件と、世界で戦える工場長に必須の知識を包括的に解説しています。

　どの章の内容も、基本的な側面を重視しているため、経験の豊富な人は一見すると平易に感じるかもしれません。しかし、強い工場とは、この基本的な内容を徹底して考え抜き、そしてやり抜くことができる工場のことです。まさに、「言うは易し行うは難し」であり、工場マネージャーは繰り返し自問自答をし続けるべき内容だと考えてください。

　本書に書かれた内容を「知っている」「できている」「やっている」と侮っていても、現実には「知っているつもり」「できているつもり」「やっているつもり」になっているかもしれません。

　本書は、「べき論」ばかりを羅列した机上の議論ではありません。実際に、グローバル市場で戦っている多くの企業の人材育成の現場で何度も議論を重ね、練りに練られた内容が詰まっています。ぜひ、本書を読んでいただき、自身の関わる工場を冷静に見つめ直してみてください。

古谷賢一

contents

第2章 工場のものづくり力を世界レベルに強化する

第**3**章

工場の競争力を世界レベルに磨き上げる

第 **4** 章

工場の稼ぐ力を世界レベルに引き上げる

contents

第 **1** 章

「強い工場」を造るための工場管理とは

第 1 章 「強い工場」を造るための工場管理とは

1.1 工場マネージャーの役割を理解する

1.1.1 工場マネージャーの定義

　本書では、製造部門で組織を束ねながら与えられた役割を果たすために、日々奮闘している人を工場マネージャーと想定しています。代表に挙げられるのは、工場長や製造部長、製造課長といった役職にある人たちです。

　企業によって役職の意味するところはさまざまです。例えば、取締役工場長の配下に複数の部長が存在し、そのうちの1人が製造部長、製造部長の配下に複数の課長がいて、そのうちの1人もしくは数人が製造課長（製造1課長、製造2課長など）という大企業があります。製造部長の配下に複数の工場が存在し、それぞれに工場長がいるといった企業もあります。これに対し、規模の小さな企業では、製造に関わる部門は製造課のみで、製造部門のマネージャーといえる存在は製造課長1人だけという場合もあります。本書は、肩書きの名称や役職の高低に関係なく、製造を担う部門の管理者を想定し、そうした人たちを「工場マネージャー」と呼びます。

　また、本書は、既に製造課長など第一線の管理者として働いている「現在の工場マネージャー」だけではなく、リーダーや班長、係長など「次の世代の工場マネージャーとして期待されている人たち」にも読んでほしいと考えています。さらに、製造部門に限らず、各機能部門の総

括を任せられている生産技術の部・課長、品質管理の部・課長など、全く違う部門の管理者であっても「近い将来に工場マネージャーになる可能性のある人たち」にも、ぜひ読んでほしいと思って執筆しました。

1.1.2　本書のレベル感

　本書は、実際の企業において工場マネージャーを育成する際に考えられるレベル感を念頭に置いて執筆しています。育成対象の多くは、いわゆる工場長や製造部長といった部長級の社員や課長級の社員です。より上級の管理職になるほど経営的な側面を深く考えていくことになり、初級の管理職であれば、少し背伸びは必要ですが、工場マネージャーとして一段上の視座を身に付けるところから考えることになります。

　本書では工場運営の基本を解説しているため、一読すると平易に感じるかもしれませんが、侮ることなかれ。本書に書かれている内容については、実際の企業において経験豊富な上級の管理職（優秀な工場マネージャー）ほど、自らの経験を踏まえて深く悩み、議論が盛り上がる傾向があります。ぜひ本書を読んで、その含意を味わってください。

　また、初級の管理職の人には、「こんなことは知っている」と表面だけをなぞって分かった気にならないように注意しながら、しっかりと納得するまで考え抜いてほしいと思います。

1.1.3　工場マネージャーに期待される役割

　工場マネージャーは一般に、社長や取締役といった経営者と現場の間に立ち、経営的な視点から与えられた課題と、現場で日々発生する課題

の双方を解決する役割を担っています。経営的な視点から与えられた課題と、現場で日々発生する課題は、時に相反することがあります。

　例えば、経営者からは「在庫を減らせ」と言われる一方、現場からは「ある程度在庫を持たなければうまく工場は回らない」と言われます。両者は全く逆（トレードオフ）の要求ですが、工場マネージャーはその間に立ってトレードオフをうまく裁く必要に迫られます。

　こうした「あちらを立てればこちらが立たず」といったトレードオフは、工場では珍しくありません。経営からは JIT 生産（Just In Time；ジャストインタイム、必要なものを、必要な時に、必要な量だけ生産する方式）を進めろと言われる一方、現場からはこまめに生産していると生産性が低下してしまうため、まとめ生産（厳密な表現ではなく、生産効率などの理由で、そのときに必要な量以上をまとめて生産する方式）をしたいと言われることがあります。この場合も両者は全く逆の要求であり、双方の間に立って工場マネージャーは苦悩するものです（図1-1）。

　工場マネージャーになる人材は、工場の中で実績を上げ、その優秀さを認められて工場マネージャーというポジションを任せられます。そのため、工場マネージャーの行動や価値観の多くは、現場の視点によるところが大きいといえます。

　しかし、工場マネージャーの役割を担うようになると、現場の代弁者でばかりはいられません。工場マネージャーは、現場の視点から経営的な視点へとその視線を大きく転換しなければならない分岐路に立つポジションだからです。すなわち、経営的な視点を持った上で、現場の運用をより良くできるようになることが求められます。経営的な視点と現場

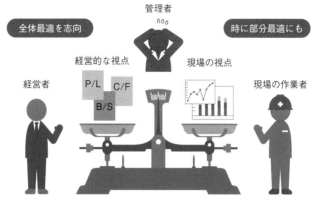

図 1-1 ●経営と現場の間で苦悩する工場マネージャー
（出所：筆者）

の視点の間に立ってトレードオフを裁こうとする場合には、意識して「経営的な視点からはどう判断すればよいか」を考えられるようにならなければなりません。

　「あの人は、偉くなって言うことが変わった」と陰口を叩かれる人がいます。例えば、現場の代表（ボス）ともいえる立場の製造課長だった時には「とにかく、前倒し生産でも何でもいい。設備を止めるな。動かせ」と言い続けていたにもかかわらず、工場長に昇進した途端に「生産計画以上にものを造るな。在庫が増えると困る」と、それまでとは真逆のことを言うようになるからです。しかし、部下に対して丁寧な説明がないままに言うことが大きく変わるのは、いささか問題ですが、立場が変われば言うことが変わるのは当たり前です。

　現場の第一線に立って指揮を執っている課長は、上司から設備の稼動率の向上を強く求められているならば、設備の稼動を高めるための取り組みを優先します。では、製造部門だけではなく、工場全体を統括して

指揮を執らなければならない工場長が経営陣から在庫の削減を強く求められているならば、どうすべきでしょうか。設備の稼動率を高い水準で維持しながらも、過剰な在庫を積み上げないようにし、設備の稼動を要所要所で抑えて在庫を削減するように行動するでしょう。

このように、立場が変われば求められる役割も違ってくるため、より上位の管理者になるほど、現場視点ではなく、経営視点で物事を考えなくてはなりません。

1.1.4　これからの時代に求められる工場マネージャー

これからの時代に求められる工場マネージャーとして考えるべき視点を2つ挙げます。組織のリーダー（ボス）の視点と、組織の管理者の視点です。

[1] 昔ながらの「リーダー（ボス）」からの脱皮

かつて、「俺についてこい」「ここは気合で乗り切ろう」といった言葉で、組織を率先して鼓舞する工場マネージャーが尊重された時代がありました。工場マネージャーは、工場においてのリーダー（ボス）であり、良い意味で親分肌の人物がその任に就いていたものです。工場の人たちを時に厳しく叱責し、時に味方になる。良くも悪くもその人間性によって工場を統率してきました。しかし、そうした前時代的な気合と根性で組織を統率していく時代は終わったといえるでしょう。それではもはや生き残ることができないと考えるべきです。

もちろん、懐が深く人間として魅力のある、良い意味でのボスといえ

る人物が工場をマネジメントすることを否定はしません。しかし、かつてのように有無を言わさず上意下達を徹底するような上司や企業風土は、若者を中心に支持されなくなってきており、個人の考えよりも組織を優先する全体主義的な考え方に対する是非論が少しずつ変わってきているのも事実です。

　工場マネージャーが過去に接してきた諸先輩による工場マネジメントのやり方が有効に機能していた時代から、組織も人も変わりつつあるという現実を認識する必要があります。リーダー（ボス）は時代の流れに応じて、自らの行動や考えを変革していかなければなりません。

［2］組織の目標を達成できる「管理者」になる

　管理とは、企業や事業における経営の目的を達成するために、毎年あるいは毎月といった一定の時間軸で目標を設定し、その目標を達成するために、それぞれの組織を統制することをいいます。また、管理とは「PDCAを回すこと」ともいわれています。現状を正しく把握しながら何をすべきなのかを考え（P：Plan）、考えた計画を実行して（D：Do）、実行した結果を踏まえ目標を達成するための課題を抽出する（C：Check）。そして、必要な是正処置を行い、最終的には目標を達成する（A：Action）、という一連の取り組みが進められます。つまり、管理者とは、その管理のPDCAを回す司令塔となるべき人物であり、かつPDCAという管理ツールを活用して、目標を達成させる役割を担う人物でもあります。

　こうした管理を行う際に、管理者である工場マネージャーが押さえて

おくべきスキルを2つ挙げておきましょう。

(1) 工場が活動するための方向性を示す力

　これは、特にPDCAの「P」に関わるスキルです。工場マネージャーとして、組織の方向性を明確に示す力が求められます。自分たちの職場がこれからどのような姿になるべきなのか、それはいつまでになのか、そして、その姿になるためにはどのようなことに取り組むべきなのか、といったことに関する方向性をしっかりと示さなければなりません。

　特に、現場に近い工場マネージャーほど、その方向性は具体的であるべきです。なぜその方向性なのか、その背景や理由を含めて、「上（自分よりも上の役職者）が言ったから」というのではなく、自分自身の言葉として工場で働くメンバーに対して発信し、工場メンバーの理解を得ることが求められます。メンバーがやるべきことを、メンバーが理解するまで丁寧に話すことを軽視する人物は、これからの時代の工場マネージャーとしては不適格だといえるでしょう。

　そもそも組織は、集団で目標を達成するという性格があります。それ故に、工場メンバーがそれぞれ違う方向を向いていては組織はバラバラになり、効率の良い工場運営はできません。もちろん、工場の方向性を最終的に決める役割は、工場のトップである工場マネージャーの役割です。しかし、工場マネージャーが一方的に方向性を示すと、現場からは「上からの押し付け」になってしまうため、しっかりとした説明が重要になります。

　また、工場マネージャーが工場の方向性を考える際には、できる限り

工場メンバーの意見や考えをよく聞き、時にはその意見を工場マネージャー自身の考えに反映させるなど、双方向の動きができるコミュニケーション力も、工場運営を円滑にするために重要なスキルとなります。工場マネージャーのコミュニケーション力は、組織の統率者として工場メンバーたちの仕事に対する意欲を高い状態に持っていくスキルであると同時に、日々発生するさまざまな問題に対して適切な方向性をアドバイスし、時には適切な判断を下す取り組みのベースとなるスキルでもあります。

(2)　工場メンバーを活用する力

　これは、特に PDCA の「D」に関わるスキルです。工場マネージャーは、組織の管理者として労務管理の力も求められます。

　出勤・欠勤の把握や残業時間の把握など、勤怠管理に偏っている工場マネージャーがいますが、勤怠管理は労務管理の一面でしかありません。工場メンバーが持つスキルを把握し、それらを生産性の確保に対して十分に活用できるように仕事を適切に割り振ります。それと同時に、工場メンバーが持つスキルを、工場の目標達成に役立つレベルに高める教育を進めることも含めて、これらを労務管理と考えるべきです。

　工場メンバーの能力を高く伸ばすために、「少し大きな課題（難しい課題）を与える」方法があります。この方法は、ストレッチと呼ばれ、素質のある工場メンバーの潜在能力をよりいっそう高めることに役立つ手法です。うまくいけば、人材の育成にとても大きな効果を発揮しますが、失敗するとただのパワーハラスメント（パワハラ）と呼ばれてしま

う可能性もあります。長時間の勤務をしなければ実行不可能な作業量を求めたり、実行が極めて困難な難易度の高い作業を強いたりすることは、それらを乗り越えられる有為な人材には効果があっても、多くの一般的な人材には意欲やメンタルを押し潰してしまうことにもなりかねません。工場マネージャーにはこうした点に十分に配慮しながら、「適切な課題設定」を行うことが求められます。

　また、「仕事は優秀な人に集中する」という経験則があります。優秀な人が仕事を遂行する方が仕事の達成スピードが速く、達成度は高くなるのだから当然の帰結だと思います。しかし、優秀な人が過度な負担を負い、そうではない人の負担が軽くなる状況は好ましくありません。こうした点も含めて、工場マネージャーには適切な業務の割り振りを行い、さらに適切な業務の割り振りをより柔軟に実行するための多能化など、教育・訓練を計画的に推進することが求められます。

1.1.5　管理者は「管理」することが仕事か

　反面教師としての「管理者」とは何かを考えてみましょう。管理の基本はPDCAを回すことです。これは適切な現状把握を基に計画を立て、計画を実行する。その結果を把握し、評価を行って、必要な対策を講じることを意味します。しかし、現実の管理者を見てみると、必ずしも適切にPDCAを回しているとは限りません。

　このような、良くない管理者に見られる行動の例を挙げてみましょう。例えば、PDCAの「P」では、適切な現状把握を基に計画を立てた場合、現状把握や計画の立案を部下に指示するところまではよいのです

が、その内容を責任者として評価・実行せずに、部下に丸投げする。そして、うまくいけば自分の手柄にし、失敗すれば部下の責任にする、などは、良くない管理者の典型的な行動です。また、PDCA の「D」と「C」で行われる実行と振り返りにおいて、実行の途中経過をひたすら報告させる一方で、その報告に対して適切なアドバイスや判断を行うことなく、自分に何かを報告させることだけに終始している人もまた、良くない管理者の行動といえます。

　本来、PDCA とは目標を達成する手段としての管理ツールです。しかし、いつの間にか「目標を達成するための手段としての管理」という本来の姿を忘れ、「管理っぽいことをすること」が目的化してしまった管理者は「管理ごっこ」をしているにすぎません。こうした工場マネージャーは、これからの時代、その地位に居続けることは難しいでしょう。

1.1.6　工場マネージャーのレベルを上げるための視点

　カナダのマギル大学に、マネージャーの研究で著名なヘンリー・ミンツバーグ（Henry Mintzberg）という教授がいます。「マネジメントのグル」とも呼ばれる彼の代表作である『マネジャーの仕事』には、管理者の 10 の役割が示されています。これらは米国で実際のマネージャーを数多く観察した結果から導き出されたものであり、現代の日本の工場マネージャーにも十分通用する内容です。

　まず、対人関係に関わる 3 つの役割があります。1 つは、組織の長としての役割です。これは会社の公式な行事や会議などに、組織の長として参加する役割があることを意味します。次に、組織のリーダーとして

の役割です。これは組織のメンバーに対して、業務遂行への動機付けを行い、組織全体を目標達成へと導く役割を意味します。そして、最後の1つは対外的な窓口としての役割です。他部門や他社など、組織外の人との人的なネットワークを築き、組織の内部と組織の外部との連絡役になるという役割です。

続いて、情報に関わる3つの役割があります。情報収集と情報拡散、そしてスポークスマンという役割です。情報収集の役割とは、組織や組織の業務に関わる情報を監視・収集することです。情報拡散の役割とは、組織の内部や組織の外部で収集した情報を、関連する人たちに周知伝達すること。そして、スポークスマンの役割とは、組織の内部や外部の有力者、キーマンに対して、自分の組織が取り組んでいる活動の計画や方針などを発信することです。

最後に、意思決定に関わる役割が4つあります。1つ目は起業家としての役割。自らの組織において、自発的に変革を起こし、自らの組織をより良いものに改善していくという役割です。2つ目は、問題を対処する役割。業務において想定外に発生する問題に対して、臨機応変に対処していくという役割です。

3つ目は、資源配分を行う役割です。組織のメンバーに対して、業務を適切に振り分けることです。業務効率を優先したり、人材育成を優先したりするなど、その時々において、経営資源たる人材をどう活用するのかを考えて実行する役割です。そして4つ目は、交渉する役割。組織の長としての権限を持ち、組織内のあらゆる業務に関与して、必要に応じて組織内外の関係者と交渉を行う役割です。

これら10の役割を見てみると、いわゆる「管理」を行うことが管理者の役割ではなく、「組織をいかにうまく活用して組織の目標を達成させるか」に対して鍵になる存在が管理者、すなわち工場マネージャーであるということが分かるでしょう。

1.2　工場マネージャーが知っておくべき経営の基本とは

1.2.1　経営するとはどういうことか

本章1.1で工場マネージャーは現場を統率する第一線の管理者であると同時に、経営者の視点を持つことが重要だと説明しました。経営者の視点を持つためには、経営者の仕事である「経営する」とはどういうことかを理解することが必要です。そもそも、経営の目的とは一体何でしょうか。

経営の目的は何かと問い掛けられた場合に、どのようなことを思い浮かべますか。利益を出すこと、顧客に貢献すること、従業員の雇用を維持すること、あるいは株主に貢献する（配当を支払う）ことなど、さまざまな目的が挙げられるでしょう。これらは全て経営の目的として正しいものですが、本書ではさまざまな視点から語られる経営の目的を包括し、「企業と事業を存続・発展させること」と定義して話を進めます。

企業が社会において存続し続けるためには、さまざまな社会的な責任（CSR：Corporate Social Responsibility；企業の社会的責任）を果たす必要があります。これは、企業のあらゆる利害関係者（ステークホルダー）に対して適切な責任を果たすことを意味します（図1-2）。

経営を担うと感じる責任の重さ

企業の社会的責任（CSR：Corporate Social Responsibility）
あらゆる利害関係者（ステークホルダー）に対して適切な責任を果たすこと。

・顧客への責任 ‥‥‥‥ 満足してもらえるサービス・製品の提供
・株主への責任 ‥‥‥‥ 企業価値向上、株価の向上、配当責任
・従業員への責任‥‥‥‥ 安定した雇用、安心して働ける環境、
　　　　　　　　　　　　人として成長する機会の提供
・取引先への責任‥‥‥‥ 金融機関や取引先との信頼関係
・地域への責任 ‥‥‥‥ 納税、雇用機会の創出
　　　　　　　　：

企業が社会的な責任を果たすためには、事業の存続・発展が不可欠

図 1-2 ●企業の社会的責任
（出所：筆者）

　例えば、顧客への責任を果たすとは、顧客に満足してもらえるサービスや製品を提供し続けることです。しかも、そのサービスや製品は適切な価格で、顧客の必要とするタイミングに遅滞なく提供される必要があります。そのためには、企業は健全な形で存続し続け、調達・生産・出荷を実行しなければなりません。そうでなければ、生産の停止や出荷の遅延など、さまざまな問題が発生して、顧客へのサービスや製品の提供に影響が出ることは必至です。

　他の視点でも同様に考えてみると、企業で働く従業員に対する責任を果たすためには、安定した雇用を維持し、安心して働ける環境を構築すると同時に、従業員と企業が共に成長する機会を提供し続けることが求められます。企業の制度上の所有者である株主に対する責任を果たすためには、確実に利益を創出し、将来に向けて成長し続けて、企業の価値を高める。加えて、毎年適切な配当を行い、株式の上場企業であれば株

価を向上させることが求められます。金融機関などの取引先とは、信頼関係をつくって継続的に安心できる取引関係を構築することが必要です。さらに、近年では地域社会への貢献や地球環境への配慮なども求められるようになりました。

　こうしたさまざまな利害関係者に対して責任を全うするためには、企業が健全な形で存続し続けなければなりません。企業が存続し、発展し続けて初めてこれらの責任を果たすことが可能になります。だからこそ、本書では経営の目的を企業と事業を存続・発展させることと定義するのです。

1.2.2　経営者の定義とは

　経営者の役割は、事業を存続・発展させることです。会社法では、経営者とは取締役（社長や常務、専務などを含む）や監査役、会計参与（監査法人や公認会計士など）を指します。この点では、工場マネージャーは取締役といった立場でなければ、厳密には経営者ではありません。しかし、一方で労働基準法では、工場長や部長、課長など、会社から一定の権限を与えられて部下に指示する者を「使用者」と呼び、企業側の立場から組織を動かす役目を担っていると解釈されています。本書では後者の観点から、工場マネージャーを企業を支える重要な「経営陣」の一員と考えて話を進めます。

1.2.3　事業の存続・発展にはシナリオが必要

　本書は、経営戦略の書籍ではないので軽く触れるにとどめますが、事

事業を存続・発展させるためには何が必要か？

・企業を取り巻く環境は常に変化するので、対応しなければ事業の存続は難しい
・自社の経営課題を放置したままでは事業の存続は難しい
・実現のための経営資源の確保と配置を行うことが必要
・実現に向けての障壁を取り除き、推進を図ることが必要

事業の存続・発展のシナリオを示し、
実現に向けて経営資源の確保と配置、推進していくのが経営
（経営者の役割）

図 1-3 ● 事業の存続・発展のシナリオ
（出所：筆者）

業を存続・発展させるためには、企業や事業において「どのようにして事業を存続・発展させるのか」を考え抜いた、事業の存続・発展のシナリオ（図 1-3）が必要です。存続・発展のシナリオは、経営戦略の立案という形で具現化するものです。一般に、次のような 5 つのステップを経て検討・作成します。

[1] ステップ 1：自社を取り巻く外部環境を把握する

　企業を取り巻く環境は常に変化しています。昨年度成功した仕事のやり方が、今年度以降も通用するとは限りません。政治や経済など社会情勢の変化や顧客の嗜好の変化、同業者や競合他社の動きの変化など、さまざまな状況が変わるにつれて、企業もそれらに適切な形で対応しなければ、事業の存続は困難です。

　そのため、事業の存続・発展のシナリオを考える際に、まず取り組むべきは、自社を取り巻く世の中の環境がどうなっているのかを、冷静か

つ客観的に把握することです。これは、経営戦略の立案においては、外部環境の分析と呼ばれるプロセスに相当します。

[2] ステップ2：自社が抱える内部環境を把握する

　事業の存続・発展を考える際に、もう1つ取り組むべきことがあります。外部の環境が変化していることを客観的に把握するだけではなく、自社自身の中に存在する課題についても、冷静かつ客観的に把握することが求められます。例えば、事業や商品ごとの売り上げの実態や、収支の実態、事業や製品の利益構造など、自社の収益体質や財務体質の把握といった事柄を把握します。

　さらに、自社が競争している業界において、自社がどのような位置付けにあるのか、業界におけるシェアや立ち位置を把握することも必要です。これらの過程では、経営戦略立案で用いられる分析手法、例えばSWOT分析（スウォット分析）などを実施し、自社の弱み・強みを把握します。これは、経営戦略の立案においては内部環境の分析と呼ばれるプロセスに相当します。

[3] ステップ3：課題を踏まえて狙うべき姿を描く

　自社を取り巻く外部環境の課題と自社自身にある内部環境の課題を踏まえた上で、近い将来（中期経営計画であれば、一般的には3〜5年先を指す）に自社が実現したい姿、すなわち狙うべき姿を描きます。ただし、ここで描く狙うべき姿とは、顧客に愛される企業になる、社会に貢献できる事業を確立する、といった抽象的で漠然としたものではありま

せん。できる限り具体的に、実現したか否かを客観的に評価できる内容が望ましいといえます。例えば、「営業利益率を10％にする」、「業界内でX製品群のシェアでナンバーワンを実現する」といった明確なものです。

　その上で、狙うべき姿の実現に向けて何をすべきか具体的な取り組みの方向性を固めます。外部環境の変化にどう対応するか、あるいは、自社の内部にある課題をどう解決するかを考え、狙うべき姿が「絵に描いた餅」にならないように足場を固めることがこのステップになります。これは、経営戦略の立案においては「中期経営計画（中期戦略）の明確化」と呼ばれるプロセスに相当します。

[4] ステップ4：中期経営計画を確実に実現するための年度計画を考える

　中期経営計画によって、近い将来の狙うべき姿を描くことができれば、次は毎年の取り組みをより詳細に検討します。例えば、3年後に「A」を実現したいならば、まず1年目は「C」を実現し、そして2年目には「B」を実現し、最後の3年目には「A」を実現するといった具体的な取り組みを各年度で考えます。

　ここでは、毎年、外部環境で考慮すべき変化や、内部環境で考慮すべき課題、前年度の活動の反省を踏まえ、中期経営計画で目指すべき姿の実現に向かって、「次年度は何をすべきか」を考えます。これは、経営戦略の立案においては年度計画の策定と呼ばれるプロセスに相当します。

[5] ステップ5：年度計画を遂行する

　最後は、年度計画の遂行です。経営者や工場マネージャーは、年度計

画で立案したやるべきことを確実に実行するために、必要な経営資源で
あるヒト（人材）・モノ（設備や資材、技術そのもの）・カネ（金、資金）
を確保し、適切に実行部隊に対して配分することが重要な責務となりま
す。また、日々発生するさまざまな問題や障壁を取り除き、目標達成に
向けた活動を推進させることも必要です。

1.2.4　事業の存続・発展は「金」が鍵

　前項の 1.2.3 で、事業を存続・発展させるためには事業の存続・発展
のシナリオを要すること、そして、そのシナリオを実現するためには、
経営資源の確保と配置、シナリオの確実な推進が必要になると説明しま
した。

　続いて、事業の存続・発展を考える上で、「金」という視点が鍵になる
ことを解説します。まず、結論から言って、事業の存続・発展において
最も重要なファクター（要素）は金、文字通り「現金」です。

　シンプルな事例として鮮魚店を考えてみましょう。鮮魚店の商売で
は、まず手元に現金があり、その現金を持って魚市場に行き、その日の
商売のネタとなる魚を仕入れてくる。そもそも、手元に現金がなけれ
ば、魚を仕入れることはできず、商売を始めることすらできません。ま
ず現金を支払って魚市場で魚を仕入れ、仕入れた魚の代金よりも少し高
い金額で店頭販売して、最後に顧客から代金を頂戴する。これが商売の
流れです。

　10 万円の現金で魚を仕入れ、その日に仕入れた魚を全て売り終わっ
た時点で 11 万円が手元に残っていれば、その日は 1 万円の利益が出たこ

とになります。これが毎日続けば、手元の現金は徐々に増えていきます。手元の現金が増えれば、それを活用してより多くの魚を仕入れることができるので、さらに商売を大きくすることが可能になります。

　ところが、10万円で魚を仕入れても、雨が降るなどして来客数が少なくて魚が売れ残ったらどうなるでしょうか。例えば、手元には9万円の現金と、売れ残った魚があるといった状態になります。翌日には、魚は腐ってしまって売り物にはならない上に、魚を仕入れるための現金は9万円しかありません。こうした状態が毎日続けば、手元の現金は徐々に減っていき、やがて手元の金がゼロ円になったところで商売は終わってしまいます。

　言うまでもないことですが、商売においては、手元の現金が増えることが望ましく、手元の現金が減ると商売は破局へと向かうことになります（図1-4）。

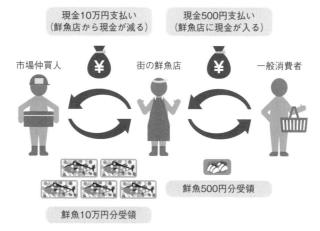

図1-4 ●金が商売の基本
（出所：筆者）

　この単純なロジックは、鮮魚店などの個人商店に限らず、企業においても同じように当てはまります。企業が何かの事業を行う際に人を雇ったり、材料を買ったり、工場を建設・運営したりするためには金が必要です。製造業であれば金をかけて材料を調達し、金をかけて人や設備・治工具を準備する。そして、製品を造って顧客に販売します。その後、顧客から販売した製品の代金を受け取り、その代金を活用して次の生産を行います。これが製造業における商売です。

　ここで必ず認識しておかなければならない重要なことがあります。製造業の生産活動では一般的に、顧客から製品の代金を受け取るタイミングよりも先に、生産に必要な金を支払う必要があるということです。材料を買えば、材料メーカーに代金を支払わなくてはなりません。生産するために作業者の人たちを雇用すれば、彼ら彼女らに賃金を毎月支払わなければなりません。水道光熱費やさまざまな経費など、工場を運営するための費用も同様です。

　これらの費用（金の支払い）を発生させながら生産活動を行い、顧客に販売して、しばらくしてようやく代金が顧客から支払われます。生産活動においては、「先に金の支払いが発生し、後になって顧客から製品の代金を受け取る（図1-5）」というのが大前提となっているのです。

　企業間の取引は、必ず「金の支払いは何月何日にする」と約束した上で行われます。仮に、手元に金がないタイミングで、材料を購入したメーカーから「約束の日です。代金を支払ってください」と支払いを求められた場合、支払えないと確定した時点で、最悪の場合、企業の生命は終わってしまいます。これは、たとえ支払いを求められた日の翌日に

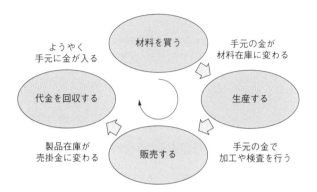

図 1-5 ●金が先に出ていき、後から代金を受け取る
（出所：筆者）

多額の金を用意できるとしても、問答無用で適用される社会のルールです。

　生産した製品の売れ行きが悪くて製品在庫として残ってしまうと、生産に関わるさまざまな金の支払いの発生により、手元の金が少なくなります。不測の事態が発生し、顧客が代金の支払いができなくなってしまうこともあるでしょう。さらに言えば、不誠実な顧客が代金の支払いを渋ることがないとはいえません。こうした場合でも、やはり手元の金は少なくなります。すると、社員に対して給料を支払えなくなったり、材料の代金を支払えなくなったりします。「明日まで待ってくれれば、必ずお金をお支払いします」といったテレビドラマのような話は、企業活動においては許されません。わずかに 1 円足らないだけでも、その日に支払わなければならない金を用意できなければ、会社は事業を継続させることができなくなり、その時点で死んで（倒産して）しまうのです。

　そのため、企業の経営者にとっては、常に手元に金（現金）がいくら

あるか、いつどのような支払いがあり、いつどのような売り上げの入金があるかを認識しながら、自社の金が不足しないように気を配ることが最も重要な仕事です。経営陣の1人である工場マネージャーも、この感覚をぜひ持つべきです。

　企業の手元にある金という概念は、中小企業の工場マネージャーであれば日々直面する問題なので、肌感覚としてすぐに理解することができると思います。しかし、大企業では経理部門や財務部門など一部の部門を除き、手元の金を意識することはほとんどありません。そのため、大企業に所属する工場マネージャーは金のことをあまり身近に感じないかもしれません。しかし、製造業において、工場は金の流れを左右する重要な部門です。そのことをしっかりと認識する必要があります。

　また、工場マネージャーは、国内や海外にある製造子会社の経営に携わる機会が多いと思います。事業規模が小さい組織では、手元の金はごく限られた量しか与えられていません。そのため、手元の金が減るような工場運営を行えば、たちどころに資金ショートする（手元の金がなくなる）ことになり、いとも簡単に経営危機に陥ってしまうことを認識してください。

1.2.5　利益は「金」を生み出せるのか

　企業経営には「金」が重要であり、工場マネージャーも同様に、工場を運営するに当たって「金」に着目する必要があります。強い工場とは、企業が事業を推進する上で、金を増やすことに貢献できる工場と言い換えてもよいでしょう。

　では、どうすれば金を増やすことができるのでしょうか。最も簡単な方法は、当たり前ですが、利益を出すことです。利益とは、製品を販売して得た売り上げから、製品の生産にかかった費用を差し引いたものです。例えば、1000円で製品を販売した場合、その製品の生産にかかる費用（例えば、材料費や加工費、その他の経費など）が900円だったとします。すると、その差額の100円が利益になります。当然、900円の支払いに対して1000円の入金があれば、金が100円増えることになります。

　ところが、この当たり前のはずの話が成り立たない場合があります。「利益が出ているのに、金が増えない（むしろ減る）」ということが起こり得るのです。これが経営の恐ろしいところです。

　通常、企業と企業の取引は、その場で現金と引き換えで行われません。取引対象のものを引き渡した後、「月末締めの翌月末払い」（1カ月の取引金額を月末時点でまとめ、その金額を翌月末に支払うという意味）という形で、一定の日にちを決めて、後日そのタイミングで代金を支払います。これを掛け取引といいます。掛け取引とは、取引の相手方と取り決めた金額を、一定の期日後に支払うことを約束して行う取引です。売り手が発行する請求書に応じて、買い手が所定の期日に現金の振り込みを行います。この掛け取引が、前述した「経営の恐ろしいところ」を引き起こします。

　　かつて、この掛け取引では約束手形という証書（取引先への支払いを約束する有価証券）による**手形取引**が主流でした。しかし、近年では手形による取引の割合が減少しており、政府は2025年をめどに手形取引を廃止する方針を打ち出しています。これには、手形を受け取る側の資金繰りの負担を軽減する目

的があります。

　手形取引では、売り手が現金を受け取るまでの期間が長くなる傾向があり、特に資金の余裕が少ない中小企業にとって資金繰りを悪化させる要因になっていることが問題視されています。また、海外との取引では、現金振り込みや小切手、クレジットカードによる決済が主流になっていること、そして、紙である約束手形は、印刷や郵送、保管のコストがかかる上に、紛失などのリスクもあります。

　政府は、まず大企業から先行して約束手形の利用を廃止し、現金振り込み払いに移行することを呼び掛けており、経過措置として手形を電子化した**電子記録債権**への移行も進んでいます。

　具体的な事例を挙げましょう。初めに手元に 500 万円を持って製品の生産を開始したとします。そして、材料を買い、作業者を雇って、生産設備を動かすといった費用に合計 900 万円かかったとします。一般的な企業の取引では、この費用の 900 万円はその場で支払う必要はなく、一定の期日後に支払えばよいのです。従って、手元に 500 万円しかなくても生産活動は可能です。例えば、材料メーカーと「翌月の月末払い」の約束を交わしたとすると、材料メーカーへの材料の代金は、翌月の月末に支払えばよいのです。材料を購入したのが 8 月中ならば、支払いは翌月、すなわち 9 月末日に支払えばよいことになります（作業者の人件費も同様で、月給制で雇用しているのであれば、作業者への賃金は日々その都度支払うのではなく、給与支払い日に支払えばよいのです）。

　こうして生産した製品が、顧客に販売できて 1000 万円の売り上げになったとします。生産にかかった費用は 900 万円であるのに対し、売り上げは 1000 万円なので、利益は 100 万円という計算になります。しかし、顧客に販売した代金も、一定の期日後にならなければ自社に支払ってもらえません。顧客と「翌月の月末払い」の約束を交わしたとして、

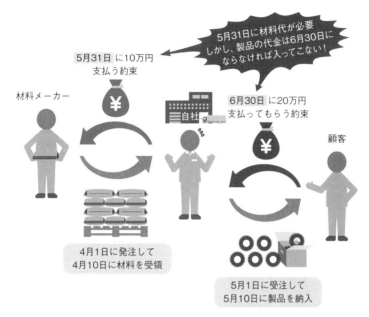

図 1-6 ● 手元に「金（現金）」がなければアウト
（出所：筆者）

　9月中に販売したのであれば、その翌月、すなわち10月末日にならなければ金は受け取れないのです。ここで、材料メーカーとの間で9月末日に代金を支払う約束になっていたとします。すると、その時点ではまだ顧客に販売した分の入金はないので、手元には500万円しかありません。これでは材料代の支払いができない状態に陥ってしまいます（図1-6）。

　この事例のように、約束で決められた期日に決められた金額を支払うことができなければ、債務不履行となってしまいます。材料メーカーは売掛金が回収できなければ、法的手段に出ることもあります。また、手形取引であれば、その手形は「不渡り」となり、全ての金融機関に対し

てその事実（支払いができなかったこと）が通知され、企業の信用は大きく損なわれます。さらに手形取引の場合、6カ月以内に2回の不渡りを出してしまうと、金融機関からの取引ができなくなってしまいます。こうなると企業活動そのものが極めて難しい状態に陥り、いわゆる事実上の倒産と呼ばれる状態になります。

　企業の会計では、販売が成立（出荷基準や検収基準、引き渡し基準などいくつかの考え方がある）した時点で売り上げが損益計算書に計上され（これを売り上げの実現主義という）、その売り上げに対して、既に発生している製造費用を差し引いた利益も確定します。顧客から金がいつ支払われるかには関係なく、売り上げの発生とともに、会計上は利益が発生します。このように、生産活動における費用の支払いのタイミングと、売り上げによる代金の受け取りのタイミングがずれていることが、「会計上の利益があるのに、手元には金がなくて支払いができない」という困った問題を引き起こすのです。

　こうした状態を昔から「勘定合って銭足らず」と言い、利益が出ているのに会社が潰れる、いわゆる黒字倒産がこれに相当します。このように、金の出入りのタイミングを確実に把握しておかなければ、最悪の場合は企業が倒産してしまいます。これが経営の恐ろしいところの意味です。

1.2.6　経営管理の基本を知る

　企業に貢献できる「強い工場」とは、企業が事業を推進する上で、金を増やすことに寄与する工場です。従って、経営者に限らず工場マネージャーにとっても、企業における金の理解、すなわち経営管理の基本と

しての財務知識は必須だと考えなければなりません。前項 1.2.5 では、我々がよく耳にする「利益」と会社にある「金」とが、必ずしも同一ではないことを解説しました。このような財務の基礎知識がないと、誤った工場運営をしてしまう危険性があります。

1.2.6.1　金を知る第一歩は貸借対照表の理解

　財務諸表を学ぶに当たり、金を知る第一歩は、貸借対照表の理解です。貸借対照表はバランスシート（Balance Sheet：B/S）ともいい、一般的に図 1-7 のような形で表されます。

　右側は貸方と呼び、企業がどのように金を調達したのかを示しています。左側は借方と呼び、調達した金を企業が何に使ったのかを示しています。平たくいえば、どうやって金をかき集めて、それらを何に使ったのかを、表にして左右に並べて示したものが貸借対照表です。

　もう少し中身を詳しく見てみましょう。右側の貸方（図 1-8）は、大きく負債と純資産の 2 種類に分かれます。「純資産」は自己資本と呼ばれることもあり、ほぼ同義語として使われます。ただし、厳密には両者は同一ではなく「純資産＝自己資本＋新株予約権（ストックオプションなど）＋非支配株主持分」となります。負債とは文字通り、他人や他社に対して返済の義務を負ったものです。これらは返済のために一定の期日が決められており、その期日になれば、決められた金額を相手方に支払うことが義務付けられています。負債とはいわゆる借金と考えて差し支えないでしょう。

　この負債は、流動負債と固定負債の 2 つに区分されています。流動負

	平成26年3月期			金額(百万円)
資産の部			負債の部	
流動資産			流動負債	
現金及び現金同等物	171,340		短期借入金	146,105
受取手形及び売掛金	1,506,400		1年以内に期限到来する長期借入金	57,418
棚卸資産	934,018		支払手形及び買掛金	1,199,539
短期繰延税金資産	146,121		未払金及び未払費用	501,314
未収入金	152,537		未払法人税等及びその他	74,097
前払費用及びその他	298,808		前受金	317,713
流動資産合計	3,209,224		その他の流動負債	295,860
固定資産			流動負債合計	2,592,046
有形固定資産			固定負債	
土地	97,550		社債及び長期借入金	1,184,864
建物及び構築物	977,233		未払退職及び年金費用	610,592
機械装置及びその他	2,128,297		その他の固定負債	201,794
建設仮勘定	78,131		固定負債合計	1,997,250
減価償却累計額	−2,321,176		負債合計	4,589,296
有形固定資産合計	960,035			
無形固定資産				
のれん及びその他の無形資産	1,006,640		純資産の部	
無形固定資産合計	1,006,640		株主資本	
長期債券及び投資			資本金	439,901
長期受取債権	461		資本剰余金	404,564
関連会社に対する投資及び貸付金	386,436		利益剰余金	652,367
投資有価証券及びその他の投資	277,749		その他の包括損失累計額	−266,079
長期繰延税金資産	264,349		自己株式（取得原価）	−1,687
その他	136,729		株主資本合計	1,229,066
長期債券及び投資合計	1,065,724		非支配持分	423,261
固定資産合計	3,032,399		純資産合計	1,652,327
資産合計	6,241,623		負債純資産合計	6,241,623

　　　　　　　【借方】　　　　　　　　　　　　　　　　　　　【貸方】
　　　　その金を何に使ったのか　　　　　　　　　　どうやって金を調達したのか

図 1-7 ●貸借対照表
（出所：筆者）

債とは、1年以内に返済をしなければならない金のことで、固定負債と
は1年よりも後に返済すればよい金のことです。流動負債には、銀行な
ど金融機関からの借り入れを意味する短期借入金だけではなく、事業活
動による取引によって生じた債務（支払手形や買掛金、未払金や未払費
用など）も含まれます。取引と同時に現金で支払わない場合、それらは
短期的には取引の相手方に対して借金をしているのと同義だからです。

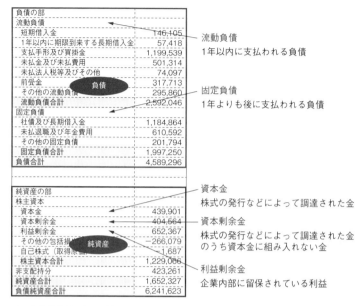

図 1-8 ● 貸借対照表の右側（貸方）
（出所：筆者）

固定負債には、銀行など金融機関から長期的な借り入れを意味する長期
借入金や、企業自身が一般市場から直接金を募る債券（社債）が含まれ
ます。

　これらの負債には、すべからく金利がかかり、借りた金に対して一定
の金利を上乗せして返済する必要があります。取引によって生じた債務
も同様で、支払手形や買掛金として示された金額には、取引代金に金利
相当分が上乗せされています。家電製品の量販店で、「現金で払うから
安くして」いう交渉を想像してください。クレジットカードで払わずに
現金で払う場合は値引き交渉に応じてらえるというのは、クレジット
カードを前提とした支払代金には金利相当分が上乗せされるが、現金払

いであれば金利は不要なので、その分だけ値引きの余地があるということです。

　一方、純資産とは、株式会社においては、一部に例外はありますが、企業のために金を出してもらった株主に帰属するものとされています。株主から出資してもらった金（資本金や資本剰余金）と、その企業が過去からの事業の結果として蓄積した金（利益剰余金）のことです。前者は出資者である株主の金そのものであり、後者は株主が出資した金を活用した結果として得られた利益なので、やはり株主の金と考えられています。

　これらは出資した株主に返済しなければならない義務はないので、その企業が自らの責任において活用することができます。しかし、完全に自由に使えるものではなく、株主が金の使い道に目を光らせています。好ましくない金の使い方をした経営者は、株主から断罪（つまりクビに）されることもあります。

　また、株主に対しては、毎年「配当」という形で出資の金額に応じて利益を還元することが求められています。配当は義務ではありませんが、配当を十分にできない企業は、株主から厳しい評価を受けるだけではなく、株式市場では株価が下落してしまうなど一般市場からも厳しい評価を受けるため、企業の信用が落ちてしまいます。

　左側の借方（図1-9）は、「資産」と呼ばれるもので、流動資産と固定資産の2つに区分されています。

　流動資産とは、1年以内に現金化が可能な資産のことです。現金や有価証券、事業活動による取引によって生じた債権（受取手形や売掛金な

資産の部	
流動資産	
現金及び現金同等物	171,340
受取手形及び売掛金	1,506,400
棚卸資産	934,018
短期繰延税金資産	146,121
未収入金	152,537
前払費用及びその他	298,808
流動資産合計	3,209,224
固定資産	
有形固定資産	
土地	97,550
建物及び構築物	977,233
機械装置及びその他	2,128,297
建設仮勘定	78,131
減価償却累計額	−2,321,176
有形固定資産合計	960,035
無形固定資産	
のれん及びその他	1,006,640
無形固定資産合計	1,006,640
長期債券及び投資	
長期受取債権	461
関連会社に対する投資及び貸付金	386,436
投資有価証券及びその他の投資	277,749
長期繰延税金資産	264,349
その他	136,729
長期債券及び投資合計	1,065,724
固定資産合計	3,032,399
資産合計	6,241,623

流動資産
1年以内に現金化される資産

固定資産
長期保有する資産
土地や建物などの有形固定資産
権利やソフトウエアなどの無形固定資産
投資有価証券や長期貸付金などの投資など

図 1-9 ● 貸借対照表の左側（借方）
（出所：筆者）

　ど、自社が受け取る権利を持った金）、材料・仕掛かり品・製品（商品）などの棚卸資産（いわゆる在庫）が含まれます。

　固定資産とは、1年よりも長く長期的に保有する資産のことです。土地や建物、機械装置などが含まれます。流動資産は日々の事業で使う金であり、固定資産はそれを使って継続的に製品を生産し続けるために使われている金と考えればよいでしょう。

　ここで工場マネージャーが理解すべき重要なことがあります。企業は苦労してかき集めた金を活用して事業を推進しているため、ムダな金の使い方は許されないということです。「貸方」のところで説明した通り、企業の金は「利子を付けて一定期日に返済しなければならない負債」

と、「金の使い道に厳しい株主に帰属する純資産」のいずれかであり、経営者は全ての金に対して金銭的な責任を負っています。

　工場マネージャーは、金をかき集めることにはあまり関与しないと思いますが、金をどう使うかには強く関与しています。特に、工場における金の使い道において、貸借対照表の2つの費目、すなわち棚卸資産（在庫）と固定資産に着目することが重要です。

　棚卸資産は、定義としては1年以内に現金化することが可能な資産として扱われますが、販売されない限り現金にはなりません。材料在庫・仕掛かり在庫・製品在庫などは、工場の中に持っているだけでは、金を使って購入したり、金を使って加工したりした存在であり、単に金が企業から外部に流れ出ていっただけにすぎません。それ故に、工場マネージャーは在庫の存在に目を光らせ、売れないのに余分に生産してしまった製品や、すぐには使わないのに買ってしまった材料在庫などがいたずらに増えないように工場を運営しなければなりません。使わないまま長期にわたって放置された在庫（長期滞留在庫や不動在庫）などは、「金がモノに代わって、ただ寝ているだけ」であり、工場マネージャーの失策の象徴といえます。

　また、固定資産は、長期にわたって生産活動に活用し、継続的に金を生み出すためのものです。しかし、使っていない設備や稼働の低い設備などは、せっかく金を使って購入したにもかかわらず、十分な金を生み出せていないことになり、まさに金をムダに使って企業の金を減らしただけの存在にすぎません。従って、工場マネージャーは、固定資産の活用状態に目を光らせ、金の生み出しに寄与していない設備がないか、ま

た必要な設備が徹底して活用されているかを監視しなければなりません。

1.2.6.2　キャッシュフロー計算書で金の流れを知る

　貸借対照表を理解することで、企業は金を集めて、その金を活用して事業を行っていることが見えてきます。そして、事業活動によって新たな金を生み出し、その事業で得られた金をまた次の事業に活用するという動きを繰り返しているのです。これを事業の存続・発展における「金のサイクル（図1-10）」と呼びます。企業は、この金のサイクルをいかに効率良く、いかに早く回すかを常に考えています。このように、金の流れに着目して企業の経営を行うことを「キャッシュフロー経営」と呼びます。

　キャッシュフロー経営において、金がどのように動いているかを示す重要な財務諸表があります。それがキャッシュフロー計算書（Cash

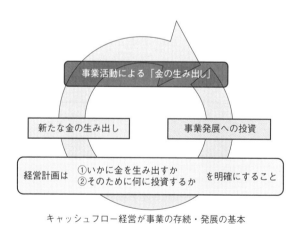

キャッシュフロー経営が事業の存続・発展の基本

図1-10 ●経営における金のサイクル
（出所：筆者）

金額(百万円)
平成26年3月期

営業活動によるキャッシュフロー	
非支配持分控除前当期純利益	69,618
営業活動により増加したキャッシュ(純額)への調整	
有形固定資産の減価償却費及び無形資産の償却費	186,405
未払退職及び年金費用(退職金支払額差引後)	−12,960
繰延税金	43,557
持分法による投資損益(受取配当金相殺後)	10,299
有形固定資産及び無形資産の除売却損益及び減損、純額	7,540
投資有価証券の売却損益及び評価損、純額	−883
受取債権の増減	−97,491
棚卸資産の増減	60,158
支払債務の増減	−54,900
未払法人税等及びその他の未払税金の増加	5,413
前受金の増減	4,153
その他	65,677
営業活動によるキャッシュフロー	286,586
投資活動によるキャッシュフロー	
有形固定資産及び無形資産の売却収入	40,491
投資有価証券の売却収入	12,134
有形固定資産の購入	−203,377
無形資産の購入	−50,975
投資有価証券の購入	−5,292
関連会社に対する投資等の減少(△増加)	−1,437
その他	−38,099
投資活動によるキャッシュフロー	−246,555
財務活動によるキャッシュフロー	
長期借入金の借入	198,826
長期借入金の返済	−234,773
短期借入金の増加(△減少)	−13,678
配当金の支払	−38,954
自己株式の取得、純額	−145
その他	−585
財務活動によるキャッシュフロー	−89,309
為替変動の現金及び現金同等物への影響額	11,449
現金及び現金同等物純減少額	−37,829
現金及び現金同等物期首残高	209,169
現金及び現金同等物の期末残高	171,340

営業キャッシュフロー

投資キャッシュフロー

財務キャッシュフロー

資金増減

図 1-11 ●キャッシュフロー計算書
(出所:筆者)

Flow Statement:C/F。図 1-11)と呼ばれるものです。株式を公開し
ている会社や株式市場に上場している会社であれば、貸借対照表や損益
計算書と同様に、必ず作成して公開することが義務付けられています。
　中堅・中小企業や、株式を上場していない企業では必ずしも作成・公
開する必要はないため、あまりなじみのない財務諸表かもしれません。
しかし、金の流れを極めてシンプルに表現している有用な財務諸表であ

り、キャッシュフロー計算書の考え方（概念）は工場マネージャーとしてぜひ理解しておくべきです。

　キャッシュフロー計算書とは、企業の活動を営業活動と投資活動、財務活動の3つに区分し、それぞれの活動における「金の増減」を示したものです（図1-12）。金が増えればプラス、金が減ればマイナスという形になります。

　営業活動での金の増減を営業キャッシュフローと呼びます。ここで営業活動とは、世間一般に言われる営業（セールス）ではなく、事業活動そのものを指す言葉です。事業活動によって金がどのように増減したかを示すものが営業キャッシュフローです。

　投資活動での金の増減を投資キャッシュフローと呼びます。設備投資など、日常の事業活動とは別に行われる将来に向けた投資活動や、子会社や取引先など他社に対する投資活動によって、金がどのように増減したかを示すものが投資キャッシュフローです。

　財務活動での金の増減を財務キャッシュフローと呼びます。財務活動とは、企業における財務的な活動を示す言葉です。金融機関からの借り入れや返済、株主に対する配当の支払いなどによって金がどのように増減したかを示すものが財務キャッシュフローです。

　これら3つの金の増減を全て足し合わせたものが、資金増減と呼ばれるものです。各年度において金がどれだけ増減したかについて、最終的な結果を示すものです。

　企業は事業活動で金を増やすことが本筋であり、それを示す営業キャッシュフローはプラスになっていることが基本です。営業キャッ

シュフローがマイナスということは、事業活動で金を減らしたことを意味します。

一方、設備投資などで将来に向けて適切な投資を行うことは、企業の長期的な競争力を維持する上で極めて重要な活動です。そのため、それを示す投資キャッシュフローは、一定の金額だけマイナスになっていることが健全とされています。例外的ですが、株式投資で儲けが出た場合などには、投資キャッシュフローがプラスになることもあり得ます。しかし、それは企業の活動の本筋ではないので、金が増えて喜ばしいことではありますが、経営的な評価が上がるものではありません。また、財務活動においてプラスになるということは、金融機関などからの借り入れが増えたことを意味します。確かに金は増えてはいるものの、借金が増えただけなので、これも必ずしも健全とはいえません。むしろ、金融

事業活動の基本となる「金」の増減を示すのがキャッシュフロー計算書

		(例)
営業活動	純利益	150
	運転資金増減	−80
	減価償却費	100
	営業キャッシュフロー	170
投資活動	設備投資	−100
	株式投資	−10
	投資キャッシュフロー	−110
財務活動	借入金増減	−30
	配当支払	−20
	財務キャッシュフロー	−50
	資金増減	10

図 1-12 ●キャッシュフロー計算書の概略図
(出所:筆者)

機関に対して適切に返済をしている、あるいは株主に対して適切な配当を行っていることにより、金は適度な金額だけ減っていることが健全とされています。

　キャッシュフロー経営の基本的なスタイルは、事業活動によって確実に金を生み出しながら、企業の将来に向けて適切な金額の投資活動を行うと同時に、金融機関への返済や配当など財務体質の健全化を行うことです。自社の持つ金を確実に増やしながら、将来に向けた成長を続けることがキャッシュフロー経営の肝といえるでしょう。

1.3　工場のあるべき姿を描けるようになる

1.3.1　知っているようで知らない「ものづくりのあるべき姿」

　本節では、強い工場を造る工場マネージャーが知っておくべき「工場のあるべき姿」について考えてみます。製造業において工場とはものを造る拠点であり、工場のあるべき姿というのはものづくりのあるべき姿（図 1-13）と言い換えても差し支えないでしょう。

　ものづくりのあるべき姿を考えることとは、企業および事業の存続・発展に貢献できる工場とはどのような姿であるかを考えることでもあります。本章の 1.2 で事業の存続・発展における「金のサイクル」を踏まえ、工場は事業活動における金の生み出しに貢献することが求められると解説しました。つまり、ものづくりのあるべき姿も同様に、事業活動によって金を増やすことに貢献するためには、工場はどのような姿になるべきかを考えればよいのです。

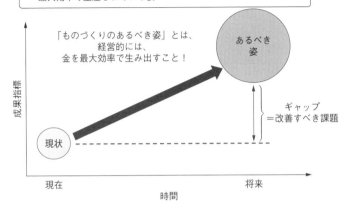

- ・安全で100%良品の品質が確保され
- ・原材料の投入から製品の出荷まで、工程間にものの溜まりがなく
- ・最大効率で生産されている姿

「ものづくりのあるべき姿」とは、
経営的には、
金を最大効率で生み出すこと！

あるべき姿

ギャップ
＝改善すべき課題

現状

成果指標

現在　　　　　　　　　　将来

時間

図 1-13 ●工場のあるべき姿
（出所：筆者）

　本書では、ものづくりのあるべき姿を「安全で100％良品の品質が確保されていることはもちろん、原材料の投入から製品の出荷まで、工程間にもの（情報や人も含め）の溜^たまりがなく、最大効率で生産されている姿」と定義します（図1-14）。この定義を経営的に言い換えると、金を最大効率で生み出している姿ということです。

　まず、確実に安全を守り、適切な品質を確保することは製造業の基本であり、ここでことさら説明する必要はないでしょう。

　続いて、原材料の投入から製品の出荷まで溜まりがないとはどういうことでしょうか。これは、生産に必要な原材料を、生産に必要なタイミングで、生産に必要な量だけを調達し、それらが納品されると同時に生産へと供給される。そして、生産が始まれば各工程での作業が滞留など

手間が増える
危険
邪魔
廃棄で丸損
荷崩れ品質劣化
保管場所

図 1-14 ●工程に溜まりができると
（出所：筆者）

　の待ち時間なしに次々と執り行われ、文字通り最短の時間で完成品にされて、その完成品は製品倉庫に留め置かれることなくトラックに乗せられて顧客へと出荷される、というイメージです。

　もちろん、これはものづくりの概念としての理想形であり、現実にはさまざまな問題が発生します。それでも、工場はこのあるべき姿を常に追求し続け、あるべき姿に自らの工場の姿を近づけるように取り組まなければなりません。

　あるべき姿の実現に向けた取り組みの事例を挙げてみましょう。例えば、「本来ならば100ケース必要な部材が、取引先との交渉の結果、200ケースを買う代わりに、1ケース当たりの単価を値引いてもらった」という、よくある事例を想像してください。量を多く購入することで購入

単価を引き下げることができるので、製造原価の低減につながる事例です。

　しかし、この場合は100ケースの必要量に対して200ケースを購入するので、100ケースは部材の在庫として残ることになります。近い将来に、残った100ケースが確実に生産に使われるのであればよいのですが、受注が想定を下回り、部材の在庫を全て使い切ることができなければ、最終的に廃棄処分せざるを得ません。

　加えて、在庫は倉庫に保管しているだけで、倉庫費や光熱費、荷役費などさまざまな費用がかかります。そのため、余分な在庫は費用の増加を招くことも忘れてはなりません。

　そして何より、余分な在庫を購入するために要した金（現金）の存在があります。手元に金があれば、何でも必要なものに使うことができます。しかし、余分な在庫を増やすことで金を在庫に置き換えてしまうと、その在庫は特定の製品の生産にしか使うことができず、とても不便な状態をつくり出すことになります。そして、顧客からの受注がなければ、その在庫（金が姿を変えたもの）はゴミに変わってしまうのです。見掛けの調達コストを削減した効果以上に、廃棄によって結果的にムダ金を使う損失の方がはるかに大きいことも珍しくないのです。

　この事例を、あるべき姿に向けて考えてみると、まず必要なものを必要な量だけ調達するという基本に立ち返り、目先の値引きと、将来に支払うべきコストや想定し得るリスクを考えて、購入量の増加を安易に許容しないように他の調達価格の低減案を議論するといった取り組みが考えられます。加えて、取引先との間で分割納入などの購入条件を交渉す

ることにより、できる限り余分な在庫を増やさないようにする取り組みも考えられます。さらには、販売見通しの精度アップに取り組むことで、より高い精度で部材の必要数を見通して過剰な部材の購入を抑制するといった取り組みも必要でしょう。そもそも調達部門が購入量の増加に走るのは、いざ生産する際に部材の欠品は許されないため、できる限り安全方向に調達しようと考えるからです。調達部門がこう考える背景には、過少在庫による欠品があると責められる一方で、過剰在庫はそれほど問題視されないという現実があります。

こうして、できる限り生産予定に近いタイミングで部材の調達を行う、できる限り生産に必要な量だけに絞り込んだ発注を行う、工程間の生産能力のバランスを改善して工程間における仕掛かり品の滞留をなくす、できる限り出荷のタイミングに合わせて生産を行う、といった取り組みを追求することで、工場をあるべき姿に近づけていきます。

1.3.2 工場の役割を明確にする「工場の機能設計」

工場とは、単にものを生産する場所ではありません。企業が勝ち残るために必要な機能（能力や働き）を持った生産拠点でなければならないのです。企業の経営陣が工場に対してどのような役割を果たすことを求めているかを考え、その役割を果たすためにはどのような機能を工場が備える必要があるかを考えて、それを実現するために行動することが工場の機能設計という考え方です。

工場の役割は何かと問い掛けたとき、よくある回答は「労働災害を起こさず、良い品質のものを、目標のコストで、確実に納期を守って生産

そもそも、工場は何を求められているのか？

（よくある）工場の役割	工場の機能
・品質の確保（Q） ・コストの低減（C） ・納期順守（D） ・工場安全（S）	・良い品質のものを造る ・目標のコストで造る ・納期を確実に守る ・労働災害を起こさない

しかし、QCDSを確保するというのは当たり前
このような機能の認識でよいのでしょうか？

図1-15 ● 工場に求められる機能とは
（出所：筆者）

すること」という類いのものです。これは言い換えると、「QCDS（品質、コスト、納期、安全）を確保すること」にほかなりません。近年であれば、環境や地域社会に貢献するといった役割も加わるかもしれません。もちろん、これらの回答は決して間違いではありません。むしろ、これらを確実に実現しなければならないという点では適切な回答ともいえるでしょう（**図1-15**）。

　しかし、これだけでよいのでしょうか。実は、工場は企業経営の中でさまざまな役割を期待されるものです。すなわち、QCDSを確保するという単純な役割ではないことを肝に銘じてください。例えば、A工場は「標準仕様品の大量生産」を主たる役割にしており、また別のB工場は「都度受注の少量多品種生産」を主たる役割にしているとします。すると、A工場では、標準仕様品を大量に生産するために、ムダやロスを徹底して削ぎ落した高効率生産が求められるでしょう。これに対し、B工場では、計画生産ができない都度受注品を少量造るために、生産計画を柔軟に変更できる能力や、非定型な生産を短納期でこなす能力が求めら

れます。

　他にも、「新工法の開発拠点の工場」「グループ工場の支援業務を担う
マザー工場」「廉価版の製品を生産する拠点として究極までコストをそ
ぎ落とす工場」「高付加価値製品を生産する拠点として、最先端の技術
導入を率先して行う工場」など、それぞれの企業において工場に求めら
れる役割はさまざまです。工場の役割が変われば、工場において取り組
むべきことも変わってきます。工場の役割を明確にした上で、工場には
どのような機能が必要で、何に取り組むべきなのかを考えていくこと
が、機能設計の考え方です。

　ただし、工場の役割は1つとは限らないことに注意が必要です。例え
ば、工場の中に、大ロットによる計画生産が主体となる製造1課と、多
品種少量の受注生産が主体となる製造2課といったように、異なる性質
を持つ製造部門が複数存在している場合は、工場に求められる役割はそ
れぞれの製造部門ごとに存在します。

　また、同じ工場でも多品種少量生産を続けながら、一方で高付加価値
製品の試作機能も兼ねるといった複数の役割を期待されるところもあり
ます。経営計画などを踏まえて、役割認識を取りこぼさないようにしま
しょう。そのためには、工場のメンバーだけではなく、経営者や他部門
の人たちの声も聞きながらしっかりと考え抜くことが重要です。

1.3.3　経営視点で工場の機能設計を考える

　強い工場を造る工場マネージャーは、工場の役割を経営視点で広く考
える必要があります。経営視点とは、企業および事業の存続・発展に貢

献できる工場とはどのような姿であるかを考えることです。すなわち、事業の存続・発展における金のサイクルを踏まえ、事業活動における金の生み出しに貢献するために、工場はどのような役割を果たす必要があるかを考える視点を持つことが工場マネージャーには求められます。

　経営視点で工場の役割を考える場合、まず企業の経営戦略における工場の位置付けを考える。続いて、経営戦略を実現するために、自社の工場に期待されている役割は何かと考えるとよいでしょう。企業が打ち出す経営戦略とのつながりを考えなければ、工場の役割を検討しても一般論的なものになってしまい、本当に考えなければならない姿を描くことが難しくなります。

　経営戦略上の工場の位置付けを考える際には、経営戦略とはどういうものかを理解しておく必要があります。経営戦略の重要な役割の1つに「経営資源（ヒト・モノ・カネ）の調達と配分」があります。これは、企業が何を優先し、何を優先しないかという判断基準を明確にすることです。

　限られた経営資源の中で経営成果を得るために、取り組まなければならない複数の課題に対して、どの課題に優先的に経営資源を振り当てるかを企業は考える必要があります。また、実務において日々生じるトレードオフ（図1-16）関係にある事柄のどちらを優先するかを考えなければなりません。これらを考えることが経営戦略です。

　工場においても同様です。例えば、企業が経営戦略として「標準品の徹底したコスト削減による売り上げの拡大」を打ち出した場合、工場には標準品をいかに効率良く生産するかという役割が求められます。そう

（例）
・品質を確保すると納期が遅れる、納期を死守すると品質確保が難しい
・コストを重視すると品質が悪化、品質を重視するとコストが悪化
・納期を長く取るとコストは安く、納期を急かすと追加費用がかかる
・計画発注をするとコストは安く、計画発注では市場追従が遅くなる
・在庫を減らすと経営は好転する、在庫を減らすと随所で問題が発生する

図 1-16 ●工場の経営で直面するトレードオフ
（出所：筆者）

した工場では、標準品の生産効率の改善が最優先に位置付けられます。その一方で、少量注文にも臨機応変に対応するといった他の課題は、優先順位が下げられることになるでしょう。もちろん、標準品を効率良く造ることと、受注生産の少量品を効率良く造ることが両立できれば理想ですが、現実には取り組むべきことが異なるため、どちらかに焦点を絞らざるを得ません。手厳しい表現ですが、「どちらも優先だ」などと、優先順位付けを放棄するような人物は、工場マネージャーとしては失格です。

　このように、企業の経営戦略を踏まえつつ工場の役割を考えて、その役割を果たすために工場はどのような機能を備える必要があるのか、工場は何をすべきなのかを考えます（図 1-17）。それにより、経営に貢献できる工場の姿を描くことができます。これが経営視点での工場の機能設計です。

1.3.4　工場に求められる機能

　工場が備えておかなければならない機能についてさらに解説します。工場の機能とは、工場の持つ能力や工場の働きのことですが、工学的に

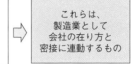

・標準品の生産か、個別仕様品の生産か？
・計画生産を選択するか、受注生産を選択するか？
・既存工法の最大効率化か、新規工法の開発か？
・低付加価値品の生産か、高付加価値品の生産か？
・マザー工場になるか、汎用工場になるか？

これらは、
製造業として
会社の在り方と
密接に連動するもの

つまり、工場の役割を達成するためには、
　・経営戦略にひも付いた、ものづくりの戦略とは何か
　・その戦略を実現するための、ものづくりのあるべき姿とは何か
　・経営資源（ヒト・モノ・カネ）をどう配分するのか
などを考えて、その達成に向けて活動する必要があります。

図 1-17 ●経営視点で工場の機能を考える
（出所：筆者）

は機能表現と呼ばれ、「目的」と「目的を実現するための手段」を合わせた形で表現されます。改善活動や製品の付加価値向上活動でよく用いられる価値工学（VE：Value Engineering）では基本的な概念です（**図1-18**）。

　例えば、「標準品をミニマムコストで生産するために、各工程で設備を止めることなく稼働させる」といった具合です。この場合の「目的」

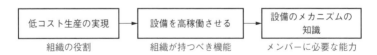

低コスト生産の実現	→	設備を高稼働させる	→	設備のメカニズムの知識
組織の役割		組織が持つべき機能		メンバーに必要な能力

組織の機能とは、次の内容を包含していなければならない。
　（1）組織の果たす目的、役割
　（2）その目的を果たすために必要な手段

例えば、俗に言う「機能表現」とは、（1）と（2）の双方を合わせたものである。

「標準品をミニマムコストで生産するために、各工程で設備を止めることなく稼働する」
　　　　　【目的】　　　　　　　　　　　　　【目的を実現するための手段】

図 1-18 ●機能と機能表現
（出所：筆者）

は、標準品をミニマムコストで生産することです。一方、「目的を実現するための手段」は、各工程で設備を止めることなく稼働させることになります。工場に求められる機能（能力）として、設備を高稼働させる能力が必要ということですが、この機能表現のように、機能を目的と、目的を果たすための手段の組み合わせで表現することがポイントです。

　経営視点から見た目的が明確ではないと、失敗する可能性が高まります。例えば、「設備の高稼働」そのものが目的化してしまい、徹底した設備の稼動を推進した結果、過剰な在庫を抱えてしまったという、笑えない話が現実にはたくさんあるのです。

　工場マネージャーが設備の稼動目標を達成して良かったと満足していても、経営的には過剰在庫を抱えて余計な金を使っただけで、売り上げや利益には全く貢献していないというのでは本末転倒です。何のためにその機能（この事例では設備を高稼働させる能力）が必要なのかという目的を明確にすることで、目的と手段を取り違えるような失敗をしないようにしましょう。

1.3.5　機能を実現するための組織メンバーの能力

　工場の役割が明確になると、その役割を果たすために工場が備えておかなければならない機能がはっきりします。すると、その機能を果たすために、組織のメンバーがどのようなスキルを持つべきかが明確になります。ここまでくると、工場マネージャーは、自分の組織のメンバーにどのような教育を施すべきかを具体的に考えることができるようになります（図 1-19）。

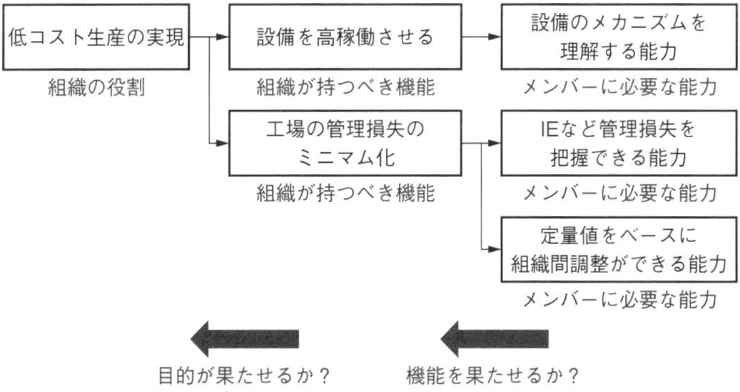

```
┌─────────────────┐    ┌─────────────────┐    ┌─────────────────┐
│ 低コスト生産の実現 │ →  │ 設備を高稼働させる │ →  │ 設備のメカニズムを │
│                 │    │                 │    │ 理解する能力      │
└─────────────────┘    └─────────────────┘    └─────────────────┘
   組織の役割            組織が持つべき機能        メンバーに必要な能力

                       ┌─────────────────┐    ┌─────────────────┐
                       │ 工場の管理損失の   │ →  │ IEなど管理損失を   │
                       │ ミニマム化        │    │ 把握できる能力     │
                       └─────────────────┘    └─────────────────┘
                          組織が持つべき機能        メンバーに必要な能力

                                              ┌─────────────────┐
                                              │ 定量値をベースに   │
                                              │ 組織間調整ができる能力│
                                              └─────────────────┘
                                                 メンバーに必要な能力
```

　　　　　←─────────　　　　←─────────

　　　目的が果たせるか？　　　機能を果たせるか？

図1-19 ● 組織の機能と組織メンバーに求められる能力
（出所：筆者）

　例えば、工場の役割が「低コスト生産の実現」であり、その役割を果たすために工場が備えておかなければならない機能が「設備を高稼働させる能力」であるケースを考えましょう。この場合、組織のメンバーが持つべきスキルとしては、「設備のメカニズムの理解」や「加工プロセスの理解」、「トラブル対応時の手順の理解」などといったものが挙げられます。

　一般に、工場が役割を果たすために備えておかなければならない機能は複数あり、それらの機能を果たすために、組織のメンバーが持つべきスキルも複数あります。そのため、図1-20のような階層的なツリーが出来上がります。こうしたツリーを考えることには、多くのメリットがあります。

　例えば、工場によくある作業者のスキルマップは、誰がどの作業を実行可能かという視点で作成されます。「実行可能な作業者が少ない作業は、教育の必要性が高い」、あるいは「実行可能な作業が少ない作業者

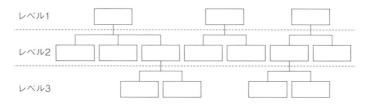

レベル1

レベル2

レベル3

組織の機能には、より上位の機能、より下位の機能があります。

組織の機能を果たすための組織メンバーに求められるスキルも
上位のスキル、下位のスキルなどがあります。

これらを階層化して整理をすると構造が明確になります。

図1-20 ● 機能やスキルの階層化
（出所：筆者）

は、教育の必要性が高い」といった視点が導き出されるでしょう。これ
に対し、役割・機能・スキルのツリーを考えると、「そのスキルを身に付
けると、どのような機能を果たすことに貢献できるか」を明確にするこ
とができます。これをさらに言えば、企業が求める役割を果たすため
に、組織の個々のメンバーがどのように貢献しているかを明確にするこ
ともできるということです。

　機能とスキルの関連が不明確なスキルは、「そのスキルを身に付ける
ことに、どのような目的があるか」が明確でないことになります。本当
にそのスキルは重要なのか、そのスキルを身に付ける真の狙いは何かと
いうことを考えるきっかけにもなり、業務の棚卸し（業務の整理・整頓）
にもつなげることができます。

　「このスキルを身に付ければ、工場において、この機能を果たすこと
ができる」と明確な関係性を示すことができれば、後は、その機能をい
つまでに工場内で確立すべきかを考えれば、そのまま組織メンバーの育

成計画につなげることもできます。

1.4　経営に貢献できる工場づくりとは

1.4.1　経営への貢献は「金」が鍵

　経営に貢献する強い工場とは、強い現場力を持った工場のことです。そうした工場は、現場の活動を経営成果に確実に結びつける力があります。現場の活動を、現場が自ら日々主体的に改善し続け、経営成果への結びつきを日々高めていくことができるのです。

　加えて、そうした工場の現場では、安全と品質が確保されていることはもちろん、現場では決められた作業を正しく行うために作業の標準化が進んでおり、標準化された作業が確実に実行されています。これは言い換えると、QCDS（Q：品質、C：コスト、D：納期管理、S：安全）が確保された状態の現場であるということです。

　では、QCDS が確保されていれば経営に貢献できる工場だといえるでしょうか。ここで改めて、経営における事業の存続・発展は金が鍵であることを思い出してください。本節では、金の観点で経営に貢献できる工場とは何かを考えていきます。経営の基本は、キャッシュフローの最大化、つまり生み出される金を最大にすることと、キャッシュフローの高速化、つまり金の流れを徹底して速く回すことです。

　すなわち、経営に貢献できる工場とは、生産活動の効率化によって、金を最大効率で生み出すことができる工場を指します。言い換えると、材料調達から出荷まで、工場や工程内に滞留がなく、最短時間でものを

流すことができる工場ということになります。

1.4.2　運転資金の概念を理解する

　金を増やすための1番の手段は、利益を出すことです。売り上げに対し、その売り上げを実現するためにかかった費用を引いたものが利益です。例えば、1000円の費用をかけて生産したものが1100円で売れたら、その差額の100円が利益として出たことになり、企業にはその分だけ金が増えることになります。工場は、適切な価格で原材料を調達し、効率良くものを生産することで利益の増加に貢献できます。

　しかし、金を生み出す方法は他にもあるため、それらを理解すると、工場が企業の金に対して貢献できる範囲はもっと広がります。

　ここで、金の生み出しに関して理解しておくべきことがあります。それは、運転資金です。運転資金とは一般に、棚卸資産（いわゆる在庫）と売上債権（売掛金）、買入債務（買掛金）の3つを指します。

　運転資金について少し解説を加えましょう。そもそも、企業が生産活動を行うためには、必ず一定の金が必要になります。本章1.2.5で解説した通り、これには掛け取引（信用取引ともいう）という商慣習が関わってきます。

　ものを生産して顧客に販売しても、通常はその場で金を支払ってもらうことはありません。約束した一定期日の後に金が支払われます。これを、自社と顧客との間での掛け取引と呼びます。例えば、「翌月末払い」という取引では、ものを販売してもその代金は翌月の末日にならないと支払ってもらえません。ものの生産には金がかかっていますが、その金

に見合った代金の入金は後日となります。こうした「まだ支払ってもらっていない金」のことを、売上債権と呼びます。

　売り上げが増えて取引が拡大して売上債権の額が大きくなるほど、生産に金はかかったのに、まだ支払ってもらっていない金が増えるため、企業の金が減少します。そのため、企業には、ある程度は金を持っておかなければ「1カ月後には代金を支払ってもらえるけれど、今現在、手元には金がない」といった状況が起こり得ます。自社が支払いを受ける側の場合は、掛け取引によって当座の現金が必要となるのです。もしも手元に金がなくなれば、会社は潰れます。

　一方、ものを生産するために、原材料などを購入すると、今度は逆の現象が起こります。もの（サービスを含む）を購入して自社に納品してもらっても、通常はその場で金を支払うことはありません。これは自社と取引先（購入先や外注先）との掛け取引です。約束した一定期日の後に金を支払います。

　例えば、「翌月末払い」という取引では、ものを購入してもその代金は翌月の末日までは支払う必要がなく、手元にある金は支払いの期日が来るまでは自由に使える状態にあります。こうした「まだ支払っていない金」のことを、買入債務と呼びます。

　取引が拡大して買入債務の額が大きくなるほど、まだ支払わなくてもよい手元に残っている金が増えるので、企業の金が増加します。自社が支払いをする側の場合は、掛け取引によって当座の現金を確保することができるのです。もちろん、最終的に期日が来れば支払わなくてはなりません。

　そして、棚卸資産（在庫）も金に関わってきます。棚卸資産（在庫）とは、金を払って買った原材料や、その原材料を使って作業者の賃金や設備の費用などの金を払って加工した仕掛かり品や完成品のことを指します。それぞれ、材料在庫や仕掛かり在庫、製品在庫などと呼ばれます。これらは全て、金を払って購入したり加工したりしたものですが、まだ販売されずに工場内（あるいは関連する倉庫）に留め置かれた状態のものです。

　こうした在庫が販売されて顧客からの代金の支払いにつながればよいのですが、そうでない場合は困ったことが起きます。販売して顧客から代金をもらう前に、原材料の代金の支払い日や、従業員への賃金の支払い日、水道光熱費などの諸経費の支払い日が来ることです。在庫を持っていても、販売して顧客から代金をもらわない限り、企業の金は出ていく一方です。

　また、前述の通り、顧客に販売しても、所定の期日になるまで金を支払ってくれません。そのため、多くの場合、顧客からの支払いで金が入ってくるまでの当座の間、原材料代や人件費、諸経費を支払う分の金を保有しておかなければならないのです。もしも手元にそのための金がなくなれば、会社は潰れます。

1.4.3　工場の金への寄与は利益だけではない

　企業では、当座の事業活動に必要な金、すなわち運転資金が必要で、運転資金を少なくするような取り組みは企業に金を残すことになります。

　例えば、工場の倉庫に眠っている材料在庫や仕掛かり在庫になってい

るもの、生産したものの販売されないまま製品在庫になっているものを売却（販売含め）すると、工場の中にあった在庫が金に変わることになり、企業の金は増えます。

　売上債権（売掛金）を減らしても、企業の金は増えます。顧客との取引では、ものを販売してもその代金としてすぐに金をもらうのではなく、売掛金として一定の期日後に支払ってもらう約束で行われます。この売掛金を減らすことにより、企業としては「ものを売ったけれども、まだ代金は支払ってもらっていない」といった状態を減らせます。つまり、顧客に販売しても、できる限り早く代金をもらうように取り組むことで、企業はその分だけ早く金を増やすことができるのです。

　また、買入債務（買掛金）を増やしても、企業の金は増えます。材料メーカーとの取引では、ものを買ったりサービスを受けたりした場合、その代金をすぐに支払うのではなく、買掛金として一定の期日後に支払う約束で行われます。この買掛金を増やすと、企業は「ものを買ったけれども、まだ代金は支払っていない」といった金が多くなります。つまり、材料などを購入しても、できる限り代金の支払いは先に延ばすように取り組むことで、企業はその分だけ長く金を手元に置いておくことができます。

　このように、利益を出す以外にも企業の手元にある金を増やす手段はいくつかあります。これらは1.2で解説した営業キャッシュフローと呼ばれるもので、企業はこの営業キャッシュフローを最大化することが求められます。そして、工場は営業キャッシュフローの最大化にできる限り大きく貢献することが求められます。

1.4.4　工場の営業キャッシュフローへの貢献

キャッシュフロー計算書の構造を思い出してください。事業活動で金をどのように生み出すかを表した営業キャッシュフローに、工場が関わることができる項目は2つあります。純利益を最大化することと、運転資金を極力少なくすることです。

実際には、営業キャッシュフローの計算にはもう1つ大きな費目である減価償却費があります。しかし、これらは保有する固定資産に伴って発生するため、減価償却費を何らかの手段で大きくしたり小さくしたりすることは難しいのです。そのため、工場の日常の活動で注目すべきは、純利益の最大化と運転資金の圧縮ということになります。また、運転資金の内訳を考えると、売掛金は営業部門が、買掛金は調達部門が関わることが多いため、工場にとっては棚卸資産（在庫）をいかに少なくするかを考えることが特に大きなポイントになります。

ここで注意してほしいことがあります。純利益と運転資金の圧縮（特に工場においては棚卸資産の圧縮）は、営業キャッシュフロー、つまり事業活動における金の増減に対して、全く同じ意味を持つということです（図1-21）。

企業が1000万円の現金を増やしたいと考えたときに、徹底した原価改善などで純利益を1000万円だけ多く稼ぎ出す方法もあれば、棚卸資産、すなわち在庫を1000万円だけ圧縮・削減する方法もあります。そして、これら2つは営業キャッシュフロー、すなわち金の増減においては全く同じ意味を持ちます。

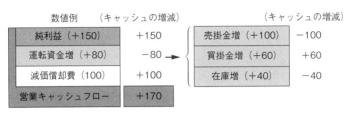

図 1-21 ●営業キャッシュフローを深く理解する
（出所：筆者）

　ところが、現実の工場では随分様相が違います。現場では、多大な苦労を重ねて純利益を上げようと努力している一方で、「材料を少し多めに買いすぎてしまった」、「少し予定が狂って在庫が残ってしまった」といった具合に、棚卸資産には無頓着できちんと管理せずに増加していることがあります。

　それがひどくなると、例えば、苦労して純利益を 1000 万円だけ積み上げたにもかかわらず、足元の棚卸資産はさまざまな要因で 2000 万円だけ増加している（つまり 2000 万円だけ金が減っている）といったことが発生します。利益が増えているのに、会社の金は逆に 1000 万円だけ減っているということになります。

　工場が、営業キャッシュフローをしっかりと理解し、利益の増加と運転資金の圧縮が経営的には全く同じ意味を持っていることを理解していないと、利益は増えているのに会社の金は減ることになってしまい、その工場は経営には貢献していない工場になってしまいます。

1.4.5　営業キャッシュフローを確実にプラスにする

　会社の金を増やす重要な役割である営業キャッシュフローは、絶対に

プラスを目指すことが大切です。企業の販売が好調であり、工場の生産
も順調に伸びているときには、よほど売価が低いか、よほどコストが高
すぎない限りは、企業の利益は確保されているはずです。しかし、景気
が悪化局面に転じたり、そのビジネスの寿命が尽きて販売が長期的に減
少したりすれば、利益が少なくなり、最悪の場合は赤字に陥ってしまい
ます。

　本章1.2で解説した通り、企業は赤字であってもすぐに潰れることは
ありません。企業が潰れるのは、手元の金がなくなり、支払いができな
くなったときです。金がないことと赤字であることとは、必ずしも同義
語ではないのです。もちろん、赤字であれば、企業の金は減る方向にな
るので、赤字が数年続くと企業の金は減り続け、やがて倒産に至りま
す。赤字は倒産の引き金になることはありますが、赤字であれば企業が
すぐに倒産するというわけではないのです。

　企業の経営が厳しい状態になり、赤字になってしまった場合でも（限
界はありますが）、企業の現金を増やすことはできます。その理由は、
営業キャッシュフローの大きな3つの要素である、純利益と運転資金、
減価償却費を考えると分かります。

　減価償却費は、その企業に固定資産があり、減価償却が発生している
間は必ず存在する費目です。減価償却費は、かつて購入した固定資産（金
はその固定資産を買った時に企業からは出ていっている）を、当該年度
の生産のために使用したということで、一定の金額を費用として扱い、
損益計算書に計上したものです。実際には金は出ていっていませんが、
見掛けの費用として金が出ていたように損益計算書では計算されるた

め、実際には利益額よりも減価償却費の分だけは金が増えています。つまり、減価償却費の金額分は、企業の金は増加するということです。

　そしてもう1つ、運転資金の圧縮、特に工場においては在庫の圧縮によっても金を増やすことができます。そのため、赤字の額よりも、運転資金の圧縮額と減価償却費の金額を足した額が大きくなれば、損益計算書上は赤字になっていても、企業の金を増やすことができるのです。ただし、赤字の額（純損失）が、運転資金の圧縮額と減価償却費の金額の合計額よりも大きくなってしまうと、残念ながら、企業の金は純粋に減ってしまいます。

　経営に貢献できる工場になるためには、経営の好調な時に確実な利益を創出するのはもちろんですが、経営の厳しい時には、徹底した在庫削減によって金の創出に貢献することも求められます。

1.4.6　将来に向けた競争力の強化も必要

　工場マネージャーは、営業キャッシュフローの最大化に貢献するだけでなく、さらにもう1つ考えるべきことがあります。それは、投資キャッシュフローにも目を配るということです。

　投資キャッシュフローの主なものは設備投資です。常に一定の金額で設備投資を行っておかなければ設備は老朽化し、所定の性能を満たすことができなくなって、生産性や品質が悪くなってしまいます。こうした状態では、工場の競争力を中・長期的に維持することができません。

　設備投資は、中・長期的な競争力を強化するために役立つ半面、企業からは短期的に金が出ていくものです。従って、適切な投資の目安があ

　ります。一般には、設備投資は営業キャッシュフローにある減価償却費の範囲内で行うべきだという目安があります。

　ただし、ここでいう設備投資とは、現行の事業を維持し、競争力を確保し続けるための、いわゆる維持管理投資と呼ばれるものです。設備の修繕や改修、現場の生産性を維持するために必要な投資という意味です。減価償却費の範囲内で設備投資を行うと、営業キャッシュフローの中にある、純利益による金の増加分と運転資金の圧縮による金の増加分は、そのまま企業に残ることになります。

　営業キャッシュフローと投資キャッシュフロー（一般に、投資キャッシュフローは金が出ていくためにマイナスの値となる）を合算したものを、フリーキャッシュフローと呼びます。フリーキャッシュフローを活用することにより、企業は有利子負債など借入金の返済や、株主に対する配当の支払いなどを行うことができます。借入金の返済は財務体質の強化と、株主に対する配当支払いは株主還元と呼ばれており、キャッシュフロー計算書の中では財務キャッシュフローに記載されます。

　企業において、健全な財務活動を行うための金を確保するためには、より大きなフリーキャッシュフローが必要になります。つまり、営業キャッシュフローを最大化し、さらに中・長期的な視点で適切な設備投資を行って、そして残ったフリーキャッシュフローで、健全な財務活動を行うのです。工場にはそのために純利益の最大化に努め、同時に運転資金を圧縮して、さらにムダのない有効な設備投資を行うことで、フリーキャッシュフローの最大化に貢献することが求められます（図1-22）。

		(例)		
営業活動	純利益	150		
	運転資金増減	−80		
	減価償却費	100		
	営業キャッシュフロー	170		フリーキャッシュフロー +60
投資活動	設備投資	−100		
	株式投資	−10		
	投資キャッシュフロー	−110		
財務活動	借入金増減	−30		財務体質改善
	配当支払	−20		株主還元
	財務キャッシュフロー	−50		
	資金増減	10		将来投資

図 1-22 ●工場もフリーキャッシュフローの最大化に貢献する
（出所：筆者）

　なお、フリーキャッシュフローを元手にして財務活動を行っても、まだ企業に金が残っているのであれば、それを企業の内部に留保しておき、中・長期的にそれを活用して、新工場の建設や新分野への進出投資など戦略的な将来投資を行うことになります。

◀ COLUMN ▶

　フリーキャッシュフローは、有利子負債など借入金の返済による財務体質の健全化のみならず、将来の企業価値向上に結びつくような戦略的投資の原資にもなる。そのため、企業の今後の成長性や企業価値を見る上で、最も重要視されるキャッシュフローともいわれる。

　企業が確実に金を生み出し（営業キャッシュフロー）、そして適切な競争力の維持管理投資も行い（投資キャッシュフロー）、そこから財務体質の強化や将来に向けた投資を行うことができる原資になるフリーキャッシュフローを多く稼ぎ出せる企業は「強い企業」だ。一方、少ないフリーキャッシュフローしか稼ぎ出せない企業は、キャッシュフロー

で裏付けされる債務の返済能力や、事業へ継続的に投資する力がないと判断される。

そのため、フリーキャッシュフローは企業価値のバロメーターといわれたり、企業の強さを示すバロメーターと呼ばれたりする。そのため、M&A（合併・買収）など企業（事業）の買収の場面においては、買収価格を決める1つの大きな指標にもなっている。将来的に見込めるフリーキャッシュフローが大きい企業は価値が高いと判断され、買収するためには多額の金が必要となるが、フリーキャッシュフローが小さい企業は価値が低いと判断され、買収の場面では安く買い叩かれる。

2

工場のものづくり力を世界レベルに強化する

第 1 章

第 3 章

第 4 章

第2章 工場のものづくり力を世界レベルに強化する

2.1 ものづくりの基本「5S」と経営的な意味とは

2.1.1 ものづくりのあるべき姿と経営

第1章で、ものづくりのあるべき姿とは「安全で100％良品の品質が確保されていることはもちろん、原材料の投入から製品の出荷まで、工程間にもの（情報や人も含め）の溜（た）まりがなく、最大効率で生産されている姿」と定義しました（図2-1）。この定義を経営的に言い換えると、「金を最大効率で生み出している姿」ということになります。

工場がものづくりのあるべき姿を目指して日々の取り組みを行うとい

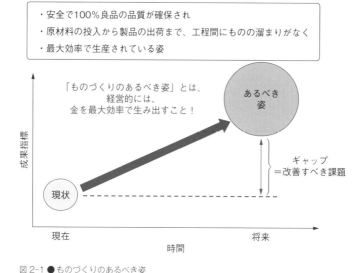

図2-1 ● ものづくりのあるべき姿
（出所：筆者）

うことは、事業の存続・発展における「金のサイクル」を回しながら、事業活動で金を生み出すことに貢献できる工場になる、ということです。従って、ものづくりのあるべき姿を徹底して追求するということは、経営への貢献を徹底して追求することにほかなりません。

　企業経営における財務諸表の見方を理解することで、企業経営では「金」が重要であること、利益ではなく金をより多く増やすことが求められることを理解してください。工場が間違った取り組みを行うと、利益は増えているのに企業の金が減ってしまうということが起こり得ます。詳細は第4章で解説しますが、例えば、「売れなくても、たくさん生産すると利益が増える」という会計上の「からくり」もあるのです。

　ものを生産する時にかかる費用である製造原価には、変動費と固定費という区分があります。

　変動費は、製品の生産量に応じて増減する費用で、材料費がその代表的なものです。10個生産すると10個分の材料費がかかり、100個生産すると100個分の材料費がかかります。いずれにせよ、1個当たりの材料費は同じです。

　外注加工費も変動費の代表的なものです。1個の加工を外注すると1個分の外注加工費が必要になります。100個の加工を外注すると100個分の外注加工費が要ります。

　一方、固定費とは製品の生産量とは関係なくかかる費用で、設備の償却費がその代表的なものです。10万円の設備償却費がかかっている場合、10個生産すると1個当たりにかかる設備償却費は1万円になりますが、100個生産すると1個当たりの設備償却費は1000円になります。

　固定給で雇用している人件費もまた固定費の代表的なものです。10人雇用していれば10人分の人件費（この場合は月給）が生産の有無や量に関わらず発生します。固定費は生産量に関係なくかかる費用なので、たくさん生産すると、製品1個当たりの固定費は下がることになります。

　製造原価は、変動費と固定費の合計です。従って、たくさん生産すると製品1個当たりの製造原価が下がるという構図になります。

　大量に生産しても、全てが短期間で売れるなら問題はありません。では、売れなくて在庫として残った場合はどうでしょうか。会計上は、生産した数量を基に製造原価が計算されるため、製造原価は下がって企業の利益は増える計算になります。たとえ売れなくて在庫となり、倉庫に眠ったまま企業から金がどんどん流出していたとしても、です。

　ものづくりのあるべき姿とは、必要なものを、必要なタイミングで調達し、必要な数量だけを最大の効率で生産して、すぐに出荷につなげる。そして、少しでも早く顧客から代金を回収することにより、できる限り生産に関わる金の流出を少なくすることを意味します。これが、ものづくりのあるべき姿と経営との関係だと考えてください。

2.1.2　5Sは健全な企業経営の基本ツール

　製造業では、5S活動が重要だと認識されています。しかし、この5S活動が健全な企業経営の基本ツールだと言われてもピンと来る人は少ないかもしれません。多くの工場では、5S活動とは「掃除と片付け」のような位置づけで扱われており、そうした工場では「5Sタイム」と称する

時間は事実上、掃除をする時間になっています。生産現場をただきれいにする活動と同義語と思っている人も多いのではないでしょうか。こうした結果になるのは、5Sに対して大きな誤解があるからです。本書では、5S活動の本来の意味を確認しつつ、それがなぜ経営の基本ツールになり得るのかを解説します。

　製造業であれば、どの工場でも「5Sはやっている」、「5Sは知っている」と答えるでしょう。しかし、「その5Sの実施によって現場の品質が大きく向上しましたか」「現場の生産性が大きく向上しましたか」といった質問をすると、必ずしも明瞭な答えは返ってきません。なぜこのようなことが起こるのでしょうか。なぜ5Sが大事と言いつつ、5Sの実施によって現場が大きく改善した、経営に大きな効果をもたらした、という話につながらないのでしょうか。

　その原因は、企業によってさまざまだと思いますが、数多くの現場を見てきた筆者の目から見ると、5Sが正しく理解されていないことが根本にあると思います。

2.1.3　5Sの考え方は世界標準

　5Sとは、整理（Seiri）、整頓（Seiton）、清掃（Seisou）、清潔（Seiketsu）、躾（Shitsuke）の5つを総称するものです。ローマ字表記すると頭文字が全てSになることから、5Sと呼ばれています。この5Sの概念は日本発のもので、今や全世界で活用されています（5Sの起源については、トヨタ自動車や日本能率協会など諸説あります）。英語ではFive-Sと言われたり、Go-Esu（ゴエス）と日本語読みされたりします。

また、整理を Segregate、整頓を Sorting などと、頭文字が S になるような英語表記にする場合もあれば、整理を Seiri（セイリ）、整頓を Seiton（セイトン）と日本語のまま発音する場合もあります。日本企業に限らず、製造業においてはほぼグローバルスタンダード化した言葉だと言っても過言ではないでしょう。

　そのため、5S に関わる書籍は、少し規模の大きな書店であれば必ずと言ってよいほど売られており、インターネットでも 5S に関する記述が数多く存在しています。図 2-2 に示した通り、5S の定義は極めてシンプルです。例えば、整理は「要るものと要らないものを分け、要らないものを処分する」、整頓は「必要なものを必要なときにすぐに取り出して使える状態にする」です。これらの定義は、どの書籍や文献を見てもほぼ同じ内容が書かれています。ところが、正しく理解されて実施されているケースは少ないというのが現実です。極めてシンプルな定義で表される 5S が、なぜ正しく理解された上で実施されていないのでしょう

1. 整理	要るものと要らないものを分け、要らないものを処分する
2. 整頓	必要なものを、必要なときに、すぐに取り出して使える状態にする
3. 清掃	ゴミなし、汚れなしの状態にする
4. 清潔	ゴミなし、汚れなしの状態を保つ（整理、整頓、清掃を維持する）
5. 躾	決められたことを守る習慣をつける

図 2-2 ●5S の定義
（出所：筆者）

か。よくある事例を基に、その問題点を明らかにしていきましょう。

2.1.4　5Sを正しく理解する

[1]　整理を正しく理解する

　5Sに取り組む場合、最初に行うのは整理です。整理の定義は前述したように「要るものと要らないものを分け、要らないものを処分する」であり、要る／要らないを考えて、要らないものは現場から処分する（実際に捨てるのか、生産現場から取り除くのかは別に考える必要があります）というものです。

　ところが、生産現場を見渡してみると、意外なことに要らないものはほとんどありません。現場にはものがたくさん置かれていますが、それらは現場の人にとっては全て要るものなのです。5S活動の実践の場面では、作業者から「要るから置いている」という声が必ず出てきます。例えば、明日使う材料や何かトラブルが発生したときに使う工具、突発的に注文が入ったときに使う治具など、現場の作業者にとっては必要なものであり、ないと困るものばかりです。

　ここで、かつて筆者が取り組んだ現場の5S活動の事例を紹介します。現場の作業者が大量の工具を自分の周囲に置いていました。それらを見ると、どう考えても本来の役目が果たせないようなものが混ざっています。例えば、折れ曲がった工具。「折れたドライバーが要りますか」と聞くと、その作業者は「ここのゴミを取るのに便利なので要ります」と、設備の狭い隙間に溜まったゴミをかき出す実演をしてくれました。

　別の事例では、設備の横に汚れて破れかけた段ボールの板が何枚も立

てかけてありました。その周辺がほこりの吹き溜まりになっており、設備の配線などがほこりだらけになっています。そこで「この段ボールは必要ですか」と聞くと、「前工程から来た仕掛かり品が油でぬれているので、この段ボールを敷いて、その上に仕掛かり品を置いています。こうすると、床が汚れなくて済むのです」というのが作業者の返答でした。

　このように、現場の作業者たちにとって現場に置かれているものは、折れた工具や汚れて破れかけた段ボールですら、全て要るものとなるわけです。教科書的に整理を「要る／要らない」で考えると、極論は、現場には要るものしかありません。

　では、それでも管理者が「整理してください」と言った場合、現場の作業者はどうすると思いますか。多くの作業者は、ほうきとちりとりを持って掃除を始めます。なぜなら「ゴミ」は要らないものなので、ゴミを集めて捨てるという行動が、すなわち要らないものを処分することに相当すると考えるからです。従って、そうした工場では、「5S タイム」といった現場活動の時間になると、現場の作業者たちが一斉に掃除をし始めるのです。

　しかし、冷静に考えてください。整理がほうきとちりとりを持って掃除をすることならば、整理によって経営はどのように良くなり、工場はどのように強くなるのでしょうか。確かに、職場がきれいになって気持ち良く作業ができたり、製品にゴミが付着しなくなって品質が上がったりといった良い点はあって、遠回しには経営に貢献しているのかもしれません。しかし、ものづくりの基本、もしくは経営の基本的なツールというには少し違和感があると思います。

　整理をする前と整理をした後の現場を見比べると、ゴミがあるかないかの違いしかなく、現場全体を見回しても、まるで間違い探しゲームのような細かな違いしか存在しません。現場の変化量が少なければ、QCD（品質、コスト、納期）への寄与も当然ながら小さいものになります。

　この原因は、整理の間違った理解にあります。具体的には、要るもの／要らないものを文字通りに捉えるのではなく、時間の概念、すなわち「今、要るもの」「今は、要らないもの」と考えることが正しい整理の理解なのです。「今」という時間軸を考えることで、「明日使う材料は、今は要らない」となります。「何かトラブルが発生したときに使う工具は、今は要らない」、「突発で注文が入ったときに使う治具も、今は要らない」となるのです。

　こうして現場を見てみると、現場には非常に多くの「今は要らない」ものがあります。そして、そうした「今は要らない」ものにより、現場が作業しにくい状態に陥っていることに気がつくはずです。この「今は要らない」ものが、整理すべき対象になります。

　生産現場を今の生産に必要なものだけにすることで、現場は大きく変貌します。まず、余計なものが存在していないので、現場から徹底してミスを排除することが可能になります。生産に必要ない部品や書類、工具が生産現場の周囲にないのですから、間違いようがないのです。そして、作業の邪魔になるものが存在しなくなるため、作業スピードはアップします。余計なものがないので、ものを探したり、ものを動かしたりといった余計な動作が発生しなくなり、作業効率もアップします。また、通行の邪魔になったり、搬送の邪魔になったりするものがなくなる

ので、生産現場にスペースが生まれて安全性が高まります。多くの工場で、「現場が狭い」という嘆き節を耳にしますが、今の生産に必要がない余計なものを置いているから生産現場が狭くなっているのです。このように、徹底して整理を行うことで、今の生産に必要なものだけを厳選して置いている、作業のしやすい職場をつくることが可能になります。

　しかし、整理の効果はこれだけではありません。「今の生産に必要なものは何か」を考えることは、ものづくりのあるべき姿を実践することにもなります。必要なものを、必要なタイミングで、必要な量だけ生産現場に供給するためには、「今、要るものは何か」「どれだけの量が必要なのか」、そして「この次に要るものは何か」「どれだけの量が必要なのか」を考えることになります。これこそがまさに整理の考え方です。

　徹底した整理を行うということは、現場の視点では QCD を向上させるための具体的な取り組みです。一方、経営の視点では金の流れを徹底してコントロールすることであり、キャッシュフロー経営を実践することにほかなりません。これが「整理を徹底すると経営が良くなる」という意味なのです。

　さらに言えば、整理を考えることは、その工場のサプライチェーン（Supply Chain：部品や材料の調達から製品の製造、出荷までの一連の流れ）をどう構築するかを考えることでもあります。どのタイミングで、何を、どうするかを考え、必要なタイミングで、必要なものを、必要な場所に供給するための仕組みをつくり上げることを意味するからです。

　工場における整理とは、現場の視点で「余計なものを置くな」というレベルの話から、経営の視点で「工場のものづくりの仕組みを考える」

とか「ものづくりの流れを設計する」とかいったレベルの話まで、とても幅の広いものです。工場マネージャーにとっても、極めて重要な概念と考えてください。整理に工場マネージャーが深くコミットしていないような工場は、現場視点でも経営視点でも効果は期待できないと思ってください。

　なお、ここでは現場の視点で整理の対象を「もの」で説明していますが、整理の対象はものだけではありません。例えば、「情報」も整理の対象です。今、必要な情報は何かを考え、どのような情報を、どのタイミングで、どこにインプットすべきなのかを考えると、ものの5Sと同じように、情報の5Sも整理の考え方で議論することができます。また、「仕事」そのものも整理の対象になります。今、やるべき仕事は何かを考える。そして、どの仕事を、どのタイミングで、どのような順番で実行するのかを考えると、これも整理の考え方で議論することができます。

[2] 整理で考えるべき、再配置の視点

　現場、特に生産に直接関わる場所（例えば、生産設備の周辺や組み立て作業台の周辺など、いわゆる「手元」と表現される場所）から、今の生産には要らないものを徹底して排除すると、現場の生産性や品質が見違えるほど向上します。しかし、その一方で、今は要らないと判断したものをどこかに置かなくてはなりません。「明日使う材料」は今は要りませんが、「要らないものは処分する」という整理の教科書的な定義に従って、文字通り処分することはできません。

　ここで考えなくてはならないのが、再配置という考え方です（図2-

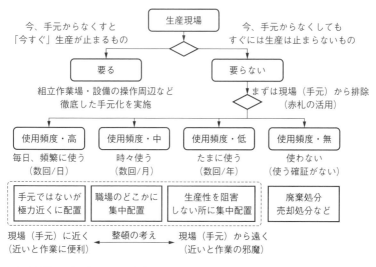

図 2-3 ●整理の考え方と再配置の視点
（出所：筆者）

3）。ものの再配置を考える場合、重要なキーワードは、「使うタイミング」と「使う頻度」です。今使うものや、毎日頻繁に使うものは、作業者のすぐ目の前、それこそ1歩たりとも動かなくてもよいような場所に置いておくべきです。

　頻繁というほどではなくても、朝に1回だけ使うものやほぼ毎日のように使うものは、作業者のすぐ目の前ではなくても、作業の邪魔にならない場所で、かつ、できる限り作業に近い場所に置いておくべきです。

　週に数回程度使うレベルのものは、必ずしも作業に近い場所に置く必要はありませんが、とはいえあまり作業する場所から離れて置くのも不便です。そこで、作業する場所からはそれほど離れない場所を定め、集中的に管理するなどして、日常の使い勝手に配慮した置き方をします。

　そして、めったに使わないものや、何か特別な受注があったときだけ使うもの、あるいは年に数回使うか使わないかといったものは、職場の近い所に置く必要はありません。日常の作業の邪魔にならないどこかの場所に置いておき、使う必要が発生したときに取りに行けばよいのです。

　工場の中は面積が決まっています。あれもこれも身の回りや便利な場所に置くわけにはいきません。そのために、ものに優先順位を付けましょう。すぐに使うもの（タイミング）や頻繁に使うもの（頻度）は、作業する場所の近くに置き、しばらく使わないものや使う頻度が少ないものは、作業の邪魔にならない場所（工場の隅など生産活動の邪魔にならない場所）にまとめて置いておきます。それこそ、年に1回しか使わないものなどは、使い勝手が悪くても全く邪魔にならない場所に置いておき、必要があれば取りに行くといった割り切った考え方をすることが、ものを再配置する際のポイントになります。あれもこれも使い勝手の良い場所に置くことは、面積が限られた工場の中では不可能だという現実を直視してください。

　そして最後に、使うあてがないものやいつ使うか全く予想できないものは、工場マネージャーや関係各部門の責任者など、幹部の判断を経て、売却や廃棄などの処分を検討しましょう。「高いお金を出して買ったものなので捨てるのはもったいない」といった、使うあてはないものの、捨てずに持っておきたいものがある場合、経営判断ができる合理的な理由を明確に示す必要があります。そうした理由を明確に示すことができないにもかかわらず、「いつ使うかは分からないけれど、とりあえず置いておきたい」といったものは、さっさと処分し、もしそれが必要

になったときには再度買うと割り切ることが大切です。

少し乱暴な考え方に聞こえるかもしれませんが、「もしかしたら必要になるかもしれない」というものが、現実に必要になったことがどれだけあったか冷静に思い出してみてください。客観的に数量や金額を把握しましょう。そうした確率的にまれなケースに対応するために、工場の貴重な場所を占有して、工場の作業性を低下させることは経営的に正しい判断とはいえません。

こうした根拠のない「安心材料」をただ保管しておくだけのために、さまざまなコストをかけることは経営のムダと考えるべきです。実際、それらの多くは使われないまま塩漬けになってしまい、最後は手間をかけて廃棄することになります。繰り返しますが、この手の議論でリスクをゼロにしようと考えるならば、あらゆるものを冗長的に持つことが必要になります。そうしたリスクゼロの考え方は、経営にとって現実的な話ではないということを工場マネージャーは肝に銘じておく必要があります。

本節でいう「要らないもの」とは、生産に関わる材料や副資材、治工具、設備、帳票類などを指します。安全確保に関わるものや環境保全に関わるもの、従業員の福祉に関わるものなどは、「今は要らない」からといって現場からむやみに排除するわけにはいきません。これは極めて重要なことなので、誤解しないようにしてください。

例えば、消火器などの消火設備などは、火災が出ない限りは要らないものです。しかし、万が一にも消火が必要となったときにすぐに使えるように、場合によっては工場の中の使い勝手の良い場所（いわゆる一等

地）に置かれることもあり得ます。ものづくりのあるべき姿で定義した通り、工場では安全の確保が最優先に考えられるべきものです。筆者は安全を軽視する工場に明るい未来はないと確信しています。

[3]　整頓を正しく理解する

　整理は、ただ表面的に要るものと要らないものを分けて、要らないものを処分することではありません。現在の生産や業務に何が必要なのか、生産や業務をスムーズに行うために、何を、どのタイミングで、どれだけの量を供給するのがよいのかを考えることです。工場におけるサプライチェーンの基本的な骨格を考える行為であるともいえる、経営や工場運営の基本に関わる活動なのです。

　これに対し、整頓はより実務に近い活動になります。整頓の定義は「必要なものを、必要なときに、すぐに取り出して使える状態にする」です。整理の段階で既に、必要なものとは何を指すのかを考え済みなので、整頓では整理の基準を基にして、必要なものを必要なときに、すぐに活用できる状態にする現場づくりを考えます。

　整頓の具体的な方法は極めてシンプルです。それは、ものであれば、どこに、何を、いくつ置くのか、ということを決めることで、いわゆる３定（定位置・定品・定量）を行うことです。現場にある全てのものの位置を決め、それを守ることが整頓の基本的な活動になります。ただし、ものの位置を決めるだけでは、それを守り続けることは難しいため、ものの位置を決めたら、誰が見ても分かるように表示や標識を付けて「見える化」を進めましょう。表示は置かれるべきものの名前を表記

すること、標識は何の場所なのかを表記することを意味します。

月極めの駐車場をイメージするとよいかもしれません。何も表示がない広い場所だけがある駐車場では、クルマをどこに停めてよいのか分かりません。月極めの駐車場ではそうした混乱を防ぐために、クルマを停めるべき場所が白線などで誰でも容易に分かるように示されています。さらに、たくさんあるクルマの置き場の、どこに誰のクルマを停めるべきなのかを明確にするために、クルマを停める場所には番号が表示されていたり、借りている人の名前が表示されていたりします。一方、クルマにはそのクルマを識別するためのナンバープレートが付いています。駐車場の管理者や契約者は、駐車場とクルマの両方を見比べると、正しい場所に、正しいクルマが停められているか否かが容易に判断できます。

　3定と表示・標識を進めることで、あらゆるものの位置が定まるので、いつ作業しても、常に同じ動作を行うことができます（つまり、標準作業が実行可能になります）。このような状態になると、作業の効率がアップします。どこに何があるのかが決まっており、しかもそれらが分かりやすく表示・標識で示されているので、迷うことがなくなるからです。必要なものをすぐに取り出して使うことができ、使い終わればすぐに元に戻すことができる現場をつくり上げることができるので、作業のスピードが向上するのです。

　実は、多くの工場では、作業者が常に何かを探したり、迷ったりしています。しかも、それが日常の姿になっているため、そうしたムダな時間や動きによって生産性が低下していることになかなか気がつかない状態になっています。しかし、整頓を徹底して実施すると、従来の作業や

業務にいかにムダな動作があったかに気づくことができます。

　また、整頓を行うと、必要なものが常に決められた場所に置かれるため、作業のミスが大きく減少します。整理を徹底することで、今の作業や業務に必要なものだけが自分の身の回りに存在しているという状態が出来上がります。その状態で整頓を行うと、必要なものの位置が定まり、しかも、それらが分かりやすいように表示・標識で示されているので、よりミスの少ない現場をつくり上げることができます。

　そして、あらゆるものの位置が決められているために、その場所を見れば、ものがあるのかないのかが、一目で分かるようになります。例えば、さまざまなものが無造作に突っ込まれた工具箱では、そこに必要なものが入っているのか入っていないのかが一目では分かりません。例えば、必要な工具が1本紛失していたとしても、工具箱の中を引っかき回して探さなくては、気づくことすらできません。ものの位置が決められているからこそ、材料や仕掛かり品、治具や工具、書類などの有無が明確になり、適切なものの管理ができるようになります。

◀ COLUMN ▶

　ある海外工場（X工場と呼ぼう）の事例を紹介する。そのX工場ではさまざまな工具や計測機を使用しており、常に現場では「あれがない」「これがない」と、工具や計測器の紛失問題が発生していた。

　現場では、工具や計測器が紛失すると仕事にならない。工具の場合、それぞれの作業者が個人の工具箱に入れて、なくならないように自己防衛をしていた。しかし、知らぬ間に、誰かがその工具箱から工具を持ち去ってしまい、困った作業者は、また別の作業者の工具箱から工具を勝手に拝借するという悪循環が生まれていた。また、計測器の場合は高額

なので、紛失しないように鍵のかかるロッカーに入れたのだが、それでも紛失が発生するので、さらに鍵付きの部屋に厳重に保管する取り組みを進めていた。しかし、それでもなお、紛失問題は続いていた。

　筆者はこの状態を見て、ものを厳重に片付けることでは紛失問題は解決しないと考えた。そこで、徹底した「ものの見える化」という、X工場のメンバーがやっている、ものを隠すという行為の真逆の取り組みを指導した。この「ものの見える化」は、整頓を行うことを意味している。工具や計測器をすぐに取って使えるように、誰が見ても分かる場所に工具や計測器の置き場をつくり、そして現場の誰もが、その場所を見れば、工具や計測器があるかないかが一目で分かる状態をつくるように指導したのだ。

　実際にはもう少し細かな取り組みを行っているが、実施したことは3定と表示・標識の徹底である。そして、その職場の管理者・監督者に毎日朝昼晩、置き場を確認し、もしその場所に定められたものがなければ、誰が使っているのかを確認して、使い終わったのであれば元に戻すように指導するようにとアドバイスした。

　海外におけるものの紛失は盗難によるものが少なくないが、工場内で紛失したのであれば、ただ探せばよい。しかし、工場の外にものが出ていってしまうと、2度と戻って来ることはない。そして、そうした事態に対して最も良くないのは、「いつなくなったのかがはっきりと分からない」というものだ。

　ものの位置を決め、適切な表示を行って、管理者・監督者を含めた現場の全員がその置き場に注意を払っていると、盗難は発生しにくくなる。さらに、従業員が帰る前に管理者・監督者が「あの計測器はどこに行った?」と探し始めると、現物はまだ工場の中に存在しているので、見つかる可能性は高い。ただし、悪意を持ってものを窃盗・隠匿してしまう人間がいる場合は、多くの海外工場で実施されているように、工場の入退場の際に身体チェックや金属探知機を使った確認などを併用する必要がある。

［4］整頓の実施ポイント

　整頓を実行する場合には、実践的な活動のコツがあります。少し乱暴なやり方ですが、「とにかく、ものの位置を決める」という手法です。整頓で失敗する工場のよくあるパターンは、「どこにものを置いたらよいか」や「どのようにものを置くとよいか」といったことを考えすぎるあまり、活動が遅々として進まないというものです。いつまでたってもものの位置が決まらないため、本来ならば整頓で得られるはずの効果が全く得られないまま時間だけが無為に過ぎてしまい、現場の意欲も同時に減退していきます。

　もちろん、闇雲にものの位置を決めるわけにはいきませんが、考えすぎて現場がいつまでたっても変わらないことも避けるべきです。現場と相談しながら、「大体この辺でよいかな」と思われる場所にものの位置を決め、表示・標識を行って作業を実際に行ってみるのです。

　ものの位置を決めて実行してみると、その位置が適切か不適切か、使いやすいか使いにくいかが判断できます。決めた位置や置き方が適切であると判断できるのであれば、それをルールとして維持・継続します。決めた位置や置き方が不適切だったり、作業上の問題が発生したりした場合には、具体的に何が良くなかったのかを考え、新たな位置や置き方を考えます。特に難しくはありません。工場で日常的に行われている改善活動のやり方と全く同じだと考えてください。

　ものの位置が決まっていなければ、標準作業や標準動作が定まりません。「今日は（たまたま）作業がやりやすい状況だった」、「今日は（たまたま）現場が混乱して作業がやり難かった」といったことが常に発生す

るので、そもそも作業や現場の良しあしを判断することができません。だからこそ、まずはものの位置を決めることを優先します。これが整頓を進めるときのポイントです。

［5］清掃を正しく理解する

　整理の項で、整理とはほうきとちりとりを持って掃除をすることではないと解説しました。では、清掃と掃除は何が違うのでしょうか。

　清掃の定義は「ゴミなし、汚れなしの状態にする」です。少し言葉遊びの感はありますが、5Sでの清掃は漫然と現場を掃除するという意味ではなく、現場の状態に注意を払いながら掃除することを意味します。

　例えば、掃除していて普段汚れていない場所が汚れていたら、それは現場に何らかの異常があったことを意味します。この異常に気づければ、すぐに現場を確認して、例えば配管の破損といった、汚れを発生させたトラブルを早期に是正することが可能になります。設備の構造上、どうしても汚れが発生する場所であっても、普段に比べて汚れが激しいことに気づければ大きな設備トラブルを未然に防ぐことができます。なぜなら、設備に何らかの問題があったのではないかと設備を確認する行動が始まるからです。

　つまり、床に何に使っているのか分からないボルトが1本落ちている、ケーブルの被覆が破れている、設備の継手から油が漏れているなどの現場の異常を放置することなく、床や設備を掃除しながら、敏感に現場の異常に気づける職場になる活動こそが清掃なのです（床にボルトが落ちていても気にしない、ケーブルの被覆が破れているのに気づかない

という現場は論外です)。

　それができれば、さらにレベルの高い清掃を目指しましょう。床にゴミが落ちていればそれを掃除するのは当然として、なぜここにゴミが落ちているのか、どうすればゴミが落ちない作業に改善できるかと、「ゴミが発生することへの根本対策」を考えて、そこに手を打つのです。こうすれば、現場の作業の質をより高めることができます。

　清掃は現場の異常に気づける職場づくりに役立つだけではなく、現場をきれいにすることで、製品への傷や汚れ、異物の付着といった品質不具合の発生を抑制することができます。汚い現場であれば、製品に対する汚れの付着や傷などに気づきにくくなり、逆に、きれいな現場であれば、製品に対する汚れの付着や傷などに対する感度が高くなります。

　また、汚い現場であれば、危険な箇所など不安全な状態に気づきにくくなり、労働災害を誘発させてしまう可能性も高まります。しかし、きれいな現場であれば、不安全な状態が発生しても容易に気づけるため、労働災害の抑止にもつながります。

　「工場は最大のセールスマン」「工場は最大のショールーム」といった言葉があります。工場の状況がどうであるかによって、企業に対する顧客の印象は大きく変わるものです。汚い工場を見て、「この工場の品質は高く、納期も確実に守ってもらえそうだ」と判断する顧客はまずいないでしょう。品質や納期管理に疑念を持たれることは必至です。さらには、「こうした粗雑な状態だから安い価格を提示できるのか」と、安かろう悪かろうの印象を持たれる可能性もあるのです。

　ものづくりをよく理解している顧客であれば、清掃の状態を見るだけ

で、工場が表面的にきれいか否かだけではなく、5Sの正しい意味を理解してQCD、そして安全を適切に管理できている工場かどうかを見抜くことができます。営業担当がいくら聞こえの良いことを話しても、いくら立派なショールームがあっても、工場がどういう状態であるかを見れば、その企業の力量はおおむね把握することができるのです。

[6] まとめ

　ここまで、5Sの中でも特に重要な3S（整理・整頓・清掃）について解説してきました。5Sの推進によって、作業のミスを減らして品質を高めることができます。作業しやすい状態をつくり出すことによって生産性を高めることができます。さらには、現場の異常に対する注意力を高めることで、設備保全のレベルや安全のレベルを向上させることができます。

　正しい5Sを行うと、品質や生産性が高まり（利益が増大し）、よりスムーズなサプライチェーンを構築できて（資産効率の改善とキャッシュフローの向上）、経営そのものが改善します。これこそが5Sが「経営の基本ツール」、そして「ものづくりの基本」と呼ばれる所以なのです。5Sを単に現場をきれいにする活動だと思っている工場や、生産活動とは別物と考えて上から言われたから仕方なしにやると考えている工場、5Sなんかやっても会社の業績が上がるわけではないと考えている工場、忙しいから5Sなどをやっている暇はないという工場は、ぜひ本書の内容を理解し、経営にも現場にも適切な5S活動を実施してほしいと思います。

2.1.5　5Sは異常を「見える化」する管理の基本ツール

　本書では見える化という言葉が頻繁に出てきます。では、見える化とは、一体何を「見える」ようにすることなのでしょうか。見える化とは、文字通り、目で見て分かるようにすることです。工場では異常の見える化や問題の見える化といわれることがあります。

　現場の状態、例えば、生産計画や生産性、稼働率などが正常なのか異常なのか、品質の状態、例えば、不良率や直行率などが正常なのか異常なのか、経営の状態、例えば、個別の製造原価や経営計画の進捗などが正常なのか異常なのか、といった工場の今の状態が正常なのか異常なのかを、目で見て判断できるようにすることが異常の見える化になります。

　分かりやすい事例に、設備に付属している回転灯（「パトライト」）があります。設備が正常に稼働している間は青色（緑色）の、設備に投入すべき材料がなくなれば黄色の、トラブルを起こしたり故障したりしたときは赤色のランプが点灯するものです。設備の状態が正常なのか異常なのかを見える化しているので、設備に異常が発生しても、現場の人たちはすぐに設備の異常に気づき、直ちにトラブルの解決に着手することができます。異常を見える化していると、その分、早く異常に気づき、迅速に解決に向けた取り組みができます。これが異常の見える化のメリットです。

　トヨタ自動車などで活用されている有名な「アンドン」も、異常の見える化の代表例です。ライン化された生産工程でトラブルが起きると、ライン化された生産工程の全体に影響が出てしまいます。トラブルを速

やかに解決しなければ、影響は生産工程全体に拡大します。そこで、作業者はトラブルが発生するとすぐに手元のひもを引っ張り、アンドンと呼ばれる警告ランプを点灯させて職場の管理・監督者たちにトラブルの発生を知らせます。この仕組みにより、すぐに解決に向けた取り組みを開始できるため、速やかにトラブルを回復させて生産工程への影響を最小化することができます。

　見える化では、5S における整理・整頓・清掃などの取り組みを確実に行うことで、現場のさまざまな異常に気づきやすくできます。

　例えば、整理を実施して現場に必要なものしか置かない状態をつくっておくと、現場に決められた以外のものが置かれている（逆に必要なものがなくなっている）といったいつもと違う状態になれば、現場に何らかのトラブルがあったことがすぐに分かります。頻繁に不要物が置かれるような場所には、何らかの作業上の問題点が存在しているものです。整理という手段を用いて見える化を進めることで、現場の異常に気づくことができるのです。

　また、整頓を実施し、3 定（定位置、定品、定量）、すなわちどこに、何を、いくつ置くかを定める表示・標識を徹底しておくとどうでしょうか。決められた場所に決められたものが正しく置かれていれば、現場は正常だと判断できるでしょう。しかし、決められた場所に決められたものがなければ、現場には何らかのトラブルがあると気づくことができます。

　例えば、A 工程（前工程）と B 工程（後工程）の間にある、仕掛かり品の置き場で 3 定と表示・標識を推進しておくと、必要な仕掛かり品が

置かれていなければ、設備のトラブルなどでA工程の生産計画が遅れているのではないかと気づくことができます。逆に、必要以上に仕掛かり品が多く置かれていれば、やはり何らかのトラブルでB工程の生産計画が遅れているのではないかと気づくことができます。現場が定められた状態なのか、定められた状態から逸脱しているのかを見て分かるようにすることで、現場の異常にすぐ気がつくことができるようになるのです。

　清掃も同様です。清掃するからこそ、現場に設備や治工具の部品や材料・副資材、正体不明なものが落ちていればすぐに気づくことができます。設備や配管からの水や蒸気、材料などの漏れも同様です。

　こうした効果があるため、5Sは現場の「異常の見える化」の強力なツールであり、同時に管理の基本ツールといわれているのです。

　ただし、ここで注意すべきことがあります。それは、見える化では、ただ現場の異常が見えるだけでは不十分だということです。例えば、設備に付属している回転灯で赤色のランプが点灯しているとします。ところが、現場でパトライトの赤色のランプが点灯しているのに気がついても、誰もその設備に駆け寄ることをせずに放置されているならば、見える化する意味がありません。赤色のランプの点灯に気づいたら、速やかに設備に駆け寄り、異常を復旧させて、現場の動きを正常にする、といった一連の活動が確実に実施されてこそ、「我が工場は見える化が実施されている」といえるのです。

　このように、見える化には3つのステップがあります（図2-4）。最初のステップは、異常が見えていること（視認できること）です。次のステップは、見えた異常に対して、何らかの対応が速やかに取られてい

見える化の3つのステップ

ただ現場の状態が「見えている」だけでは不十分

> ステップ1　現場の状態が見えている
> ステップ2　（見えたことを起点に）気づいて行動する
> ステップ3　行動の結果、現状が（より良く）変化する

これらができて初めて「見える化」ができているといえる！

図2-4 ●真の見える化
（出所：筆者）

ること。そして、最後のステップは、対応の結果、現場の状態がより良い状態に変化することです。これら3つのステップが運用されてこそ、製造現場における見える化が達成できたと考えてください。「見えている」というのは「見える化」ではありません。

2.2　生産計画と在庫管理は工場運営の肝

2.2.1　業務としての生産管理

　生産計画や在庫管理を考える上で、まず生産管理の概念を正しく理解しておく必要があります。一般に生産管理とは、[1] 生産計画や [2] 生産実施、[3] 生産統制を行うことと表現されています。いわゆる生産に関わる「計画、実施、統制」というものです（図2-5）。生産統制に生産計画や生産実施の意味も含めて考え、生産管理とは生産統制を行うことであるという場合もあります。

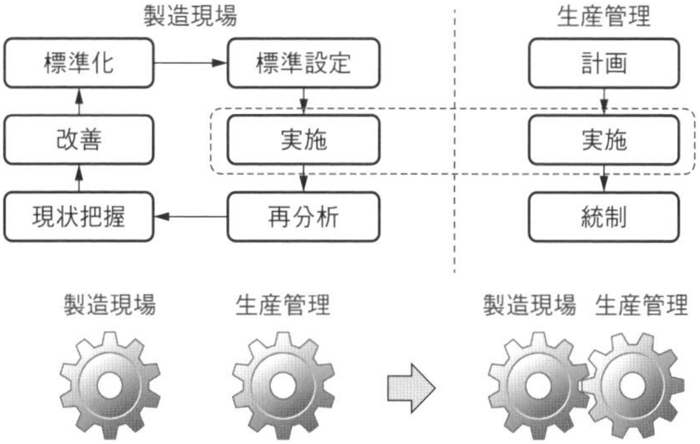

図2-5 ●生産管理とは
（出所：筆者）

　[1] の生産計画とは、顧客要求（自社において製品の在庫計画を充足させることなども含む）に基づいた製品の出荷計画から遡り、いつのタイミングで、どの品種を、どれくらいの量だけ生産する必要があるかを考え、そのために生産準備の指示をしたり、生産に必要な材料の調達を指示したりすることです。

　そもそも、工場では生産計画がなければ生産活動の実行は不可能です。関係者全員に提示された生産計画に基づいて、全ての準備が行われるためです。計画なしでの行き当たりばったりの生産は論外ですが、不明確な生産計画や実行不可能な生産計画でも、生産計画を100 ％達成することはできません。特に、生産計画から遅れが発生した場合は、当然ながら、顧客要求に基づいた製品の出荷を実現できなくなってしまいます。

　また、生産計画からの遅れが生じると、顧客への納期を守れない上に、追加のコストが発生します。予定していたコストで生産できなくな

ることも認識しておくべきです。不明確あるいは不適切な生産計画は、納期にもコストにも大きな影響を及ぼすことになります。

　[2]の生産実施とは、生産計画に沿って生産を実施することです。計画通りに遅滞なく、必要な量の生産をいかに行うかを追求することが重要になります。立案・提示された生産計画通りに生産を実施できればよいのですが、できない場合にも柔軟に対応することが求められます。

　例えば、顧客からの急な納期変更や数量変更があると、生産計画はその都度変更を余儀なくされます。そうした日々の生産計画の変動に対応しながら、顧客の要求を満たす生産・出荷をいかに維持するかを考える行為が生産実施なのです。

　そして、[3]の生産統制とは、生産計画に従って現場が生産を正しく行っているかどうかを確認することです。いわゆる進捗管理です。生産計画からの逸脱（生産計画に対して実際の生産が遅れたり、早く進み過ぎたりしてしまうこと）があれば速やかに対策を取り、必要に応じて生産計画を修正することが求められます。

　工場では大なり小なり設備故障や品質問題などのトラブルが勃発します。また、材料が納期までに届かないなど調達のトラブルが発生することにより、予定していた生産計画の実行に支障が出ることもあります。これらを常に監視し、適切な対応を講じていかなければ、顧客要求に基づいた出荷計画を実現することはできません。従って、生産統制もまた重要な業務だといえます。

2.2.2　工場マネージャーは生産管理の概念を広く持つ

　生産管理とは、生産管理部門が生産計画を立案し、工場の関係各所に生産準備の指示を行って、生産が始まると適切に生産の状況を把握しながら必要な統制を行うことです。この役割は確かに重要で、工場の生産活動には必要不可欠なものといえます。

　ただし、工場マネージャーの視点に立った場合、この定義は、工場の確実な操業を行うための業務の1つだと認識すべきです。一般には、生産管理課と呼ばれるような部門がこの生産管理業務を担うことになるため、「生産管理を行うこと」とは、生産管理部門の業務を指すと理解されがちです。しかし、第1章で解説した通り、工場マネージャーは工場のあるべき姿を考え、工場が企業からどのような役割を求められているかを考えるべきです。ここでは、こうした俯瞰的な視点で、生産管理とはどういうものなのかを考えてみましょう。

　生産管理とは何か、参考になる定義が存在します。これは、日本産業規格（Japanese Industrial Standards：JIS。2019年までは日本工業規格と呼ばれていた）。「JIS-Z-8141」の生産管理用語に記載されているもので、次のようになっています。

[1]　所定の品質Q（Quality）・原価C（Cost）・数量および納期D（Delivery）で生産するため、またはQ・C・Dに関する最適化を図るため、人、物、金、情報を駆使して、需要予測、生産計画、生産実施、生産統制を行う手続き及びその活動。

［2］狭義には、生産工程における生産統制を意味し、工程管理ともいう。

　先述した生産管理の定義は、おおむね JIS の定義による「狭義」のものです。一方で、生産計画を「広義」で捉えると、必要な品質、原価、数量および納期で生産することを実現するための活動となっており、品質管理や原価管理、納期管理などの全てを包含しています。工場における全ての機能、そして組織の経営資源である人、物、金、そして情報を駆使してその実現に尽力することが、広義での生産管理だといえます（図2-6）。これはまさに、工場運営そのものと言っても過言ではありません。

　工場マネージャーの役割とは、会社（あるいは顧客）が求めている

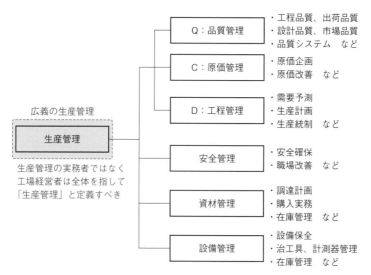

図2-6 ●広義の生産管理とは
（出所：筆者）

「工場像（あるべき工場の姿）」を考え、それを実現するために、我が工場にどのような機能が備わっていなければならないのかを考えて（第1章で紹介した工場の機能設計という考え方）、それを実現することです。

　こう考えると、狭義の生産管理である生産計画と生産実施、生産統制では、工場の生産をただ管理するだけになってしまいます。そこで、工場マネージャーは広義の生産管理の立場で、工場の役割を果たすために何をすべきかを考えなくてはなりません。例えば、以下のような具合です。

・顧客の要求に応えるべく、営業部門と製造部門の連携を最も効率化するためには何をすればよいのか

　どのような営業情報を、どのタイミングで製造部門と共有すると、最も低コストで、かつ顧客要望を満たすことができるのか、など。

・設計開発と製造部門との連携を最も効率化するためには何をすればよいのか

　どのような設計情報をどのタイミングで製造部門と共有すると、生産準備が効率良く行われるのか、生産開始後のトラブルを最小限に抑えることができるのか、など。

・品質保証部門と製造部門の連携を最も効率化するためには何をすればよいのか

　どのような品質情報を、どのタイミングで製造部門と共有すると、工程内品質や市場クレームを最小限に抑えることができるのか、など。

・そもそも会社の求める工場の役割を最大に果たすためには何をすれば

よいのか

　工場のQCDを最善の状態にしつつ求められる役割を実現するために、工場ではどのような生産方式を採用すべきなのか、どのような業務手順（業務フロー）を採用すべきなのか、など。

　これらは全て、工場マネージャーが考えるべき広義の「生産管理」の範疇です。

2.2.3 工場マネージャーが考えるべき生産計画とは

　工場が生産を行うに当たり最も重要なものは、その実行段階（狭義の生産管理）である生産計画と生産実施、生産統制です。しかし、工場マネージャーの視点に立つと、単に生産計画を立案して生産を実施し、その進捗管理（生産統制）を行うという「実務の遂行」だけを考えるのでは不十分です。広義での生産管理をベースに考えると、生産計画においてはQCDの全てをコントロールしつつ、いかに計画した生産を100％遂行（生産計画の100％達成）するかがポイントになります。

　多くの工場で見受けられることですが、生産計画が過不足なく100％達成すべきものという位置付けにはなっていません。顧客の要求する納期を100％達成することは、どの工場でも最大の目標として掲げられています。ところが、生産計画の100％達成はそれとは別物と捉えられています。これは大きな問題です。

　なぜなら、そうした工場では、部材の調達問題や品質問題、あるいは設備トラブルによって生産計画が未達になったとしても、顧客の要求す

る納期を満たすために出荷を維持することだけが目的となってしまうからです。このような「結果オーライ」の工場では、場当たり的に生産計画の遅れを取り戻すための行動を取ってしまう可能性もあります。生産計画の未達に対し、その発生原因を潰し込む活動を十分に行わず、業務フローに何らかの改善を盛り込むといった議論に至らないのです。

　従って、工場マネージャーは生産管理を広義の視点で捉え、生産計画とは工場の全ての機能を駆使して計画を過不足なく 100 ％達成させる取り組みだと考えておく必要があります。

2.2.4　生産管理の質を高めるには、生産計画の質を高めるべし

　本書は生産管理の実務書ではないため、生産管理の基本である生産計画と生産実施、生産統制の実務に関する解説は他書に譲り、工場マネージャーとして注意しておかなければならない点について解説します。

　工場マネージャーが考えるべき生産管理において、その肝になるのは生産計画です。工場のあらゆる業務は、生産計画を基に動いています。生産計画の良しあしによって、工場の関係各部門の業務効率は大きく左右されます。不適切な生産計画は、QCD の実現に対して多大な影響を及ぼしてしまいます。生産計画の質を高めることが、すなわち生産管理の質を高めることになるのです。

　経営的な側面から考えると、工場は適切なコストで生産することにより、会社として計画しているキャッシュフロー（現金の増加）を実現できます。生産計画が未達ということは、当初予定していたコストからの追加が発生することにほかなりません。そのため、工場では生産計画の

100 ％達成が強く求められるのです。

　工場には、必ず備えておかなければならない生産計画上の能力が2つ
あります。1つは、最も効率的にキャッシュを生み出すことができる生
産計画の立案能力です。もう1つは、計画を100 ％達成することができ
る生産計画の遂行能力です。これら2つの能力を高めることが、生産計
画の質を高めることにつながります。

　そして、生産計画の立案能力と遂行能力を高めるために、工場が必ず
取り組むべきことがあります。それは「生産計画を立てて、実行してみ
ること」です。「生産計画を立てる能力を高めるために、生産計画を立
てて実行する」という説明は、いささか循環的な表現にはなりますが、
その真意は次の通りです。

　理想的な生産計画を立案して遂行することは、極めて難しい。そこ
で、まず適切と思われる生産計画を考え、それらをとにかく実行して、
実行過程で出てくる生産計画上の問題点を可視化する。そして、その原
因を考えて対策を取るという方法が有効だ、ということなのです。まさ
に改善のPDCA（Plan：計画、Do：実行、Check：評価、Action：改
善）サイクルを回すことで、先に述べた「生産計画の立案能力」と「生
産計画の100 ％遂行能力」を高めるというわけです。

　生産計画の質を改善するこのPDCAサイクルを回すために必要なの
が、「生産計画の見える化」と「現在の生産進捗の見える化」です。見え
る化は、生産計画の質が高い工場にとっては当たり前のことです。しか
し残念ながら、工場の管理者・監督者や実務遂行者に対して生産計画や
生産進捗が適切な形で見える化されているかといえば、実はできていな

い工場の方が多いというのが現実です。

　皆さんも自分自身の工場で確認してみてください。生産計画が存在し、それが関係する全ての人たちが容易に認識できる形で見える化されているでしょうか。生産計画が存在していても、例えば、生産現場の作業者が「今日、何をすればよいのか」や「次に何をすればよいのか」が分からず、それらを知るために現場のリーダーや職長といった上司からの口頭による指示が必要な場合は、「見える化」されているとはいえません。管理者・監督者からの口頭による説明を全否定はしませんが、今日は何をすべきなのか、次に何をすべきなのかについて、現場の全員が明確に分かる形で見える化しておくことが重要です。

　現場の全員がその計画を見て理解することで、工場全体が生産計画の100％達成に向けた行動を取ることができます。そして、これにはさらに重要な側面もあります。それは、生産計画の立案プロセスが見える化されるということです。

　工場では、生産計画や今日何をするか、どの順番で行うかといった采配が、現場の管理者・監督者に任されているケースがあります。むしろ、工場の管理が優れている一部の企業を除いて、現場の管理者・監督者に生産計画の立案と遂行を依存しているほうが多数派です。そうした企業の場合、今日何をするか、どのような順番で生産するかといった采配は、その現場の管理者・監督者の判断やスキルに依存していることになります。生産に関わるコストも納期も、その管理者・監督者の腕にかかっていると言っても過言ではありません。そのため、生産（あるいは作業）の順番を考えるに当たり、部材の調達や生産性、作業性、品質な

ど、どのようなことを考慮しておかなければならないのかといったことが、管理者・監督者の頭の中にしか存在せず、いわゆる暗黙知（ノウハウ）をベースとして生産計画が立案されてしまうのです。

　これに対し、生産計画と生産進捗を見える化すると、計画の良しあしが可視化されるため、生産計画の立案プロセスが適切か否かを評価できることになります。そのため、「なぜこの生産順番になったのか」といった議論が可能になります。さらに、生産計画が未達になった場合には、「この生産順番でうまくいかなかった理由は何か」といったことを問い掛けられるようにもなります。こうした取り組みを行うことにより、その工場が出荷を維持するために何を考え、どのような判断基準で生産計画を立てるのか、生産計画の立案プロセスが可視化されます。可視化されていれば、生産計画の遂行において何か問題が発生しても、容易にフィードバックすることができます。

　こうした手法で生産計画の立案と進捗管理の遂行のレベルを高めると、生産計画の100％達成への取り組みはもちろん、工場が果たすべき役割を高い水準で議論できる、質の高い生産管理を実現することができます。

2.2.5　生産計画100％達成の意味

　生産計画は過不足なく100％達成することが鉄則です。つまり、生産計画の達成度は90％でも110％でも良くないということです。生産計画の未達、すなわち計画からの遅れが問題であることは言うまでもありません。生産計画から遅れるということは、その背景には、品質問題や

設備トラブルが存在していたり、工程管理上の問題があったりするものです。また、生産計画からの遅れが生じると、当初予定していた生産コストに対して必ず追加費用が発生することになる上、顧客への納期も遅れてしまうことになります。

　一方で、生産計画の過達、すなわち計画よりも進む場合はどうでしょうか。早く生産が完了したのだから良いのではないかという考えもありますが、工場マネージャーは生産計画からの進み過ぎも問題だと認識すべきです。計画が早く終わってしまうということは、生産計画そのものが不適切だった可能性があるからです。

　例えば、1ロットを3時間で生産すると考えて計画を立てたのに、実際には2時間で作業が終わってしまったとします。この場合は、生産計画のベースになっている標準時間の設定が不適切だったということです。多くの場合、標準時間の設定が不適切な理由は、過去の生産実績の把握が不十分だからです。それは工場として実態を正確に把握できていなかったことを意味します。そのため、生産計画よりも早く生産が完了してしまうことについても、工場マネージャーは問題視する必要があるのです。

　もちろん、現場の創意工夫の結果、計画した時間よりも早く生産が完了したのであれば、それは大いに賞賛すべきです。次回の生産計画では、その改善結果を踏まえた新たな標準時間で生産計画を立案すればよいでしょう。

　その一方で、実は経営に対してロスを生む原因にもなり得ることを認識してください。生産計画よりも早く生産が完了した場合、そこで生産

を終えればよいのですが、得てして「時間が余ったから、明日以降の生産を前倒ししてやっておこう」となってしまいがちだからです。これは、「今は生産する必要がない余計なものを生産してしまう」ことにつながります。すなわち、つくりすぎのムダを発生させてしまうことになります。

つくりすぎのムダが工場に発生すると、材料の先食いや資金の先食いが生じてしまいます。これは第1章で解説したキャッシュフロー経営の考え方とは真逆のものです。また、造り過ぎた製品や仕掛かり品は、工場や倉庫の中で保管しておかなくてはならないため、さまざまな管理上の費用が発生してしまい、これらは全て経営上のロスになってしまいます。

工場マネージャーは、生産計画の遅れも進み過ぎも両方とも問題であると捉え、その原因を明らかにして対策を講じることにより、生産計画の100％達成を追求することを肝に銘じてください。確かに、「生産計画の100％達成」は概念的なゴールですが、強い工場は生産計画の達成度をいかに高めるかを日々追求し続ける工場であると考えてください。

2.2.6　生産管理の質を高めるには、在庫管理にも目を向ける

広義の生産管理をより高い質で行うには、在庫管理にも目を向ける必要があります。

在庫とは、経営的には、会社の持っている金が在庫という物に変わった状態をいいます。金を出して買った部材（原材料）や、金をかけて加工した仕掛かり品や製品が在庫として存在している場合は、顧客に販売して代金を支払ってもらうまでは、金が会社から出ていっただけの状態

になっています。しかも、そうした在庫は工場や倉庫に置いておくだけで保管のための倉庫代や光熱費が発生し、在庫の搬送などいわゆるマテハン（マテリアルハンドリング、搬送）によって工数が消費されます。さらに、在庫が存在することで、工場や倉庫の中は圧迫され、物流が阻害されて、探す・積み上げる・積み下ろすといったムダな動作も増えてしまいます。

　在庫とは、その存在によって数多くのムダを誘発させてしまうものでもあり、これが在庫は罪庫、在庫は悪などと呼ばれるゆえんです。

　一方で、在庫は便利なものであり、持つことによって日常の多くの業務が楽になります。例えば、部材在庫を持っておくと、部材の調達管理が不要になります。すなわち、部材メーカーとのシビアな交渉をしながら、何月何日に、どの部材を、どれくらいの量、確実に調達するという業務を省けるのです。部材在庫を持つことを許容すれば、価格交渉も楽になります。必要な量だけを買うという制約に縛られずに「たくさん買うから価格を下げろ」といった交渉が可能になるからです。調達部門の実務では、部材在庫を持つことで、業務は随分とやりやすくなります。

　仕掛かり在庫も同様です。仕掛かり在庫を持っておくと、工程間のバランスが悪くても問題なく生産を続けることができます。前工程の生産能力の方が後工程の生産能力よりも劣る場合、後工程は前工程からものが出てくるまでの間、手待ち（業務がなくて作業者が待っている状態）が発生します。ここで仕掛かり在庫を持っておけば、後工程は前工程の進捗とは関係なく生産を続けることができます。品質トラブルや設備トラブルが発生しても、仕掛かり在庫があれば出荷への影響を小さくする

ことが可能です。このように、生産部門の実務では、部材在庫を持つことで業務が随分と楽になるのです。

　製品在庫でも同じことがいえます。製品在庫を持っていれば、「即納可能」という強力な営業の武器を手に入れることができます。加えて、想定外の急な受注や、納期の無理な変更要求にも応えることができます。部材の調達や工程でのトラブルなど何らかの理由で生産が止まっても、当面の出荷に対する影響を抑えることも可能です。営業部門の実務においても、製品在庫を持つことで業務は随分とやりやすくなります。

　経営的には在庫は会社の金を消費する「罪庫」であるにもかかわらず、実務者にとっては在庫があった方が何かと都合が良いのです。そのため、経営者や工場マネージャーが何らかの歯止めを掛けない限り、在庫は成り行きでどんどん増えてしまいます。

　確かに、在庫ゼロでの経営はあくまでも概念的なゴールであり、ある程度の在庫を持たざるを得ないというのが現実です。しかし、「在庫は必要悪だ」「在庫がないと仕事にならない」といった言葉を正当化し、工場マネージャーが在庫を持つことを許容する姿勢を示してしまうと、現場は「絶対に必要な在庫」だけが最低限に保有される理想的な状態からは程遠くなります。「あった方が便利な在庫」から「あれば自分（自部門）にとって都合が良い在庫」、「業務の不手際で増えてしまった在庫」に至るまで、在庫が無秩序に増えていくことを覚悟しなければなりません。

　工場マネージャーは、在庫にはこうした問題があることを理解し、常に在庫の量や金額に目を配って一定の在庫水準から大きく逸脱しないよ

うに指揮・監督しなければなりません。

MEMO

　在庫の量は販売量および生産量に比例するため、在庫の量は在庫金額と売上金額の比で考えます。この比は在庫水準と呼ばれます。売り上げが2倍になったときに在庫も2倍になっていれば、在庫水準は同じです。売り上げが2倍になったときに在庫が2.2倍になったとすると、在庫水準は大きくなり、在庫が余計に増えたことを意味します。逆に、売り上げが2倍になったときに在庫が1.8倍にとどまっていたなら、在庫水準は小さくなり、在庫は抑制されたこと意味します。

　一般には在庫回転日数（棚卸回転日数）という指標が用いられ、在庫金額を1日当たりの売上高で割った数字を使います。在庫が1億円で、1日当たりの売上高が1000万円であれば、在庫回転日数は1億円÷（1000万円/日）＝10日と計算されます。これは10日分の売上高に相当する在庫を持っていることを意味します。この在庫回転日数が増加すれば、在庫は過剰になったことを示し、在庫回転日数が減少すれば、在庫は抑制されたことを示します。

2.2.7　在庫は仕事の質のバロメーター

　在庫は仕事の質のバロメーターという言葉があります（図2-7）。前項2.2.6で解説した通り、実務者にとっては在庫はあった方が何かと都合が良いものです。しかし、在庫を持つことの裏には重大な問題が隠されています。

　在庫を持つことを許すと、本来は解決しなければならない問題があるのに、それらに真正面から対峙しなくてもよくなることを意味します。部材在庫であれば、本来は調達能力を強化して、細かく精度の高い納期管理を実施すべきところが、部材在庫を持っていれば、そうした高度な業務改善をする必要はありません。仕掛かり在庫であれば、本来は工程バランスの改善や、品質トラブルや設備トラブルの発生を抑えるための

在庫削減の取り組みは
現場に内在する多くの問題を「見える化」させ、
企業体質強化につなげる最良の取り組み

在庫を最小にできれば

・運転資金の圧縮で資金の創出
・倉庫費用・倉庫管理費用の削減
・滞留在庫なしで、処分費・廃棄ロスなし

・フリーキャッシュフローの最大化
　→財務体質健全化、次の成長への投資
・借り入れ金利負担の削減、廃棄ロス削減
　→利益の向上

図2-7 ●在庫は仕事の質のバロメーター
（出所：筆者）

改善活動に取り組むべきなのに、仕掛かり在庫を持っていれば、そうした現場での地道な改善を実施する必要がないのです。そして製品在庫であれば、本来は顧客の需要動向を的確に把握して営業交渉力を磨いて取り組むべきところが、製品在庫を持っていれば、そうした営業活動のレベルアップも必要ありません。

　つまり、「仕事の質」が悪くても、在庫を持っていれば「何とかなる」のです。そうなると、実務者の都合が良いように在庫は増加してしまいます。一方で「仕事の質」が良くなれば、少ない在庫でも問題は出なくなるので、結果として在庫を少ない水準に絞ることが可能になります。在庫は、その工場の業務の集大成の結果として生じるものです。

　その工場の仕事の質が悪い場合は、在庫が少なくなると問題が発生してしまい、仕事の質が良ければ、在庫が少なくても問題が発生しないという関係があります。このように、仕事の質は在庫に表れるため、在庫

は仕事の質のバロメーターと表現されるのです。

　具体的な例を挙げましょう。営業部門の仕事の質を考えてみます。ここで仕事の質が悪く、顧客の需要動向が適切につかめていない、顧客の在庫状況が十分に把握できていない、適切な商談ができていない、といった状態になっていると、販売見通しの精度が悪くなってしまいます。販売見通しがずれて、想定よりも注文が少なくなった場合には、生産指示は結果として過大なものになってしまうので、売れ残った製品が在庫になってしまうのです。

　一方、見通しがずれて、想定よりも注文が多くなった場合には、生産指示は結果として過少なものになってしまうため、欠品が発生してしまいます。欠品は絶対に避けなければなりません。従って、出荷に影響が出ないようにするためには、販売見通しがどちらに振れてもよいように在庫を持たなければならない事態になります。

　ここで仕事の質が良くなれば、顧客の需要動向が適切につかめるようになり、顧客の在庫状況が適切に把握できるようになって、適切な商談ができるようになります。すると、販売見通しの精度が高くなるので、その分、適切な生産指示を行うことができます。すると、念のために在庫を持ちたいという理由がなくなるので、結果的に在庫の増加を極限まで抑えることができるようになります。

　生産部門でも同様です。仕事の質が悪く、部材が計画通り入ってこない、設備トラブルや品質トラブルが続出する、工程間のバランスロスが悪い、段取り替えに時間がかかる、といった状況だった場合、当然ながら生産計画通りの生産はできません。すると、これらに対応するために

部材の在庫をたくさん持つ、工程間で仕掛かり在庫を多く持つ、さらには出荷に影響させないために製品在庫を持つようにさえなってしまいます。

これに対して仕事の質が向上すれば、部材が計画通り入ってくるようになり、設備の品質トラブルの件数が減ります。工程間のバランスロスも減少し、段取り替えの時間も短くなって、計画通りの生産ができるようになります。すると、念のために在庫を持つ必要性がなくなり、結果として、在庫の増加を極限まで抑えることができるようになるのです。

2.2.8　在庫削減は工場マネージャーの責務

在庫は、存在するだけで工場に多大なムダ・ロスを生み出してしまいます。製品在庫や材料在庫が多いと、まず倉庫管理の費用と在庫管理の費用、物流費などのムダが発生します。それらが長期滞留在庫化してしまうと、一定の比率で必ず処分費や廃棄ロスが発生してしまいます。加えて、余計な在庫があることで、棚卸し時間のロスなどの管理工数も増えてしまいます。そして、本書で繰り返し解説している通り、在庫は会社の金が物に置き換わっただけの存在であり、在庫が置かれているということは、金が寝ていることにほかなりません。

また、仕掛かり在庫が多いと、まず製造リードタイムが長くなり、市場に対して速やかな対応ができなくなってしまいます。工程内に多数の仕掛かり在庫が置かれると、面積生産性が悪くなる上に、運搬のロスやムダな動作、取り置き作業が発生することによる作業性のロスも発生してしまいます。また、工場内に仕掛かり在庫が多いと、作業や移動がや

り難くなるため、労働災害を誘発することにもなりかねません。

「在庫は仕事の質のバロメーター」という表現の通り、在庫を削減する取り組みを進めることで、現場に内在する多くの問題が可視化されます。それらを改善することにより、工場の体質強化につなげていくことが在庫削減の本質的な狙いです。在庫をミニマム化することによって運転資金を圧縮できるため、会社の金が節約できて、フリーキャッシュフローの最大化が図れます。加えて、倉庫費用や管理表などの削減はもちろん、処分費や廃棄ロスの削減にもつながるため、利益体質の向上にも寄与します。

こうした現場の根本的な課題の解決と経営の良化の両面から、在庫削減の取り組みを強く推し進めることが工場マネージャーの責務となります。

2.3　品質の造り込みの考え方を理解する

2.3.1　品質は企業の生命線

品質は企業にとって生命線であり、ものを造る工場の果たす役割は極めて大きいといえます。間違っても、「品質を確保するのは品質部門の仕事だ」などと他人事のように考えてはいけません。ここでは、工場マネージャーが知っておくべき品質の基礎について解説します。

2.3.2　品質が悪いと経営が負のスパイラルに陥る

ひとたび品質不良が発生すると、工場など組織のメンバーは不良の対

策に走り回らなければなりません。市場不良であれば、何よりもまず顧客にかける迷惑を最小限に抑えなければなりません。工程内不良であれば、製造コストの悪化や納期遅延を回避しなければなりません。こうした場面での対策は、不良の発生をとにかく抑えることや、顧客への不良の流出をとにかく抑えること、そして顧客に流出した不良の速やかな回収と代替品（良品）への交換などが主たるものです。けがをしたときには「なぜけがをしたのか」「どうすればけがをしないで済むのか」を考える前に、「まずは出血を止めること」が優先されるのと同じです。そのため、当然ながら組織のマンパワーはこうした不良対策に取られることになり、通常の業務が後回しになってしまいます。

　製造部門や品質部門では、速やかに「出血を止める」対策を行うことが最優先となります。本来であれば「けがをしないようにする」こと、すなわち品質問題を根本的に対策するような活動を行うべきですが、背に腹は変えられない状況の中では根本的な対策が後回しになってしまいます。こうして、「けがをしないようにする」ことに手が回らないまま「出血を止める」ことを繰り返して、不良の発生が常態化してしまうのです。

　その結果、不良によるロスコストが発生し続けることになり、企業の収益を圧迫することになります。加えて、不良の発生が常態化することにより、顧客や市場からの信用が損なわれて、新規受注やリピートの需要の減少にもつながってしまいます。

　設計部門や開発部門においても、やはり不良の対策が優先されます。本来であれば、開発設計面からの根本的な対策を検討することに工数を

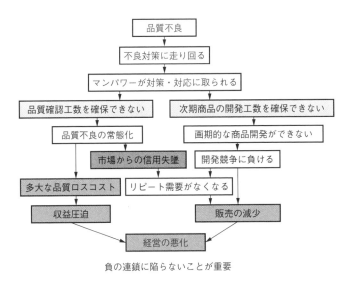

図 2-8 ● 企業が衰退する負のスパイラル
（出所：筆者）

割くべきところですが、それができずに時には昼間は不良対策に走り回り、夜間や土日などの休日出勤で本来の開発設計業務を行うといった、いびつな業務体制が出来上がってしまいます。当然ながらそうした状況では適切な商品開発はできないため、他社と比べて開発設計の質が低下したり、開発のスピード遅くなったりしてしまい、厳しい競争に負けてしまいます。

　このように、品質不良が起こってその場しのぎの対策でメンバーが走り回っている組織では、収益が圧迫され、販売が減少して、結果的に経営が悪化します。これが不良などの品質問題を押さえ込むことができない企業における「負の連鎖」です（図 2-8）。

2.3.3　品質問題の悪い情報はすぐに駆け巡る

　今、品質問題は大きな変化点にあります。かつての品質問題は顧客と自社の間で発生するものであり、自社が誠意を持って顧客に対応すれば、その問題は収束するものでした。しかし、現在は品質問題を起こすと、さまざまなメディアから世の中に情報発信され、あっという間に社会に拡散してしまいます（図2-9）。これは一般市場に対して事業を行っている、いわゆる「BtoC」の業種だけではなく、一般市場とは直接のつながりが薄い「BtoB」の業種でも同様です。SNS（交流サイト）などの口コミで品質問題の実態が確実に外部に漏れ、企業の対応次第では大きな社会問題になってしまいます。こうした状況を踏まえて、品質問題は会社の存亡にかかわる経営問題と認識しなければなりません。

　最近の品質問題は、品質不良を造ってしまい、それを不本意ながら顧客に流出してしまうといった問題にとどまりません。顧客と自社との間

図2-9 ●品質問題、悪い情報はすぐに駆け巡る
（出所：筆者）

の信頼を裏切るような、改ざんやねつ造といった品質不正行為もまた大きな品質問題として考えなくてはならない状況になっています。これには、ルールを逸脱した業務や、顧客との仕様（顧客仕様）の取り決めを守らないといった行為も含まれます。たとえ品質そのものは粗悪品ではなく、顧客に品質的な影響を与えていなくても、顧客との信頼に反する行為は法令違反にはならなくても、企業間の信義にもとるものです。品質コンプライアンス（法令順守）問題として企業の社会的な信用に大きく影響し、時には世間から厳しく批判されることになってしまいます。

　このように、品質がこれまで以上に企業において重要な立ち位置を占めることを理解した上で、工場マネージャーは品質をどう確保すべきか、基本的な知識を持っておく必要があります。

2.3.4　品質を造り込むための必須事項

　どのようにして品質を確保するかを考える場合、まず良い品質とは何かを理解する必要があります（図2-10）。一般に良い品質とは何かと問われると、性能が良い、外観品質が良い、寿命が長い、使いやすいといったものを想像すると思います。

良い品質とは

> ・実際に使ったときに顧客の期待通りの「働き」をする
>   （品質とは）
>   　性能・物性・外観・寿命・信頼性・使いやすさ・安全性……
> ・ばらつきが少ない

これを理解していない企業は意外に多い。

図2-10 ● 良い品質とは
（出所：筆者）

　確かに、これらの項目は良い品質の尺度であることに間違いはありません が、これらは主に設計でその良しあしが決まるものです。工場にとって「良い品質」を考える場合には、もう1つ重要な概念があります。それは「ばらつき」という概念です。工場にとって良い品質とは、「ばらつきが少ないこと」を意味します。顧客にとっての良い製品とは（同じ製品であれば）、いつ買っても、どこで買っても、全て同じ品質であることです。不良が混入するのは論外ですが、顧客に納品した製品の中に、ものすごく性能が高い製品もあれば、平均的な性能の製品もある、それらがばらばらに存在しているならば、顧客にとってはとても使いづらい製品になり、決して良い品質とはいえません。

[1] 製品開発における品質のステップ

　良い品質の製品を造るために、覚えるべき概念があります。それは品質確保のための4つのステップです（図2-11）。この4つのステップで考えるべき品質が、(1) 要求品質、(2) 設計品質、(3) 製造品質、(4) 使用品質と呼ばれるものです。

　(1) の要求品質とは、顧客が自社に対して何を求めているかを、自社がどのように把握するかのレベルを示すものです。「顧客はこういうことを求めているらしい」という内容の良しあしのことです。例えば、「X部の長さは50.0mm±1.0mm」といった、具体的な要求項目が顧客から出ている場合は、それを正確にものづくりに反映させれば済みます。しかし、「押しやすいボタンが欲しい」という顧客の要求の場合はどうでしょうか。それを、そのまま製品の仕様に落とし込むことは簡単ではあ

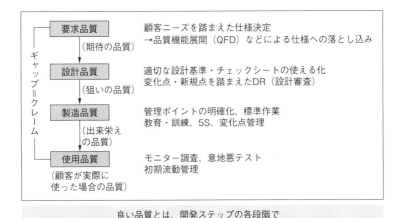

図 2-11 ● 品質確保における各品質と品質確保のポイント
（出所：筆者）

　りません。なぜなら「押しやすい」というのは感覚の問題であり、どのようなボタンであれば押しやすいのか、そもそも押しやすいとはどういう意味なのかなどと、顧客が考えていることをさまざまな情報交換をしながら自社がどう判断するかが重要になります。

　自社が顧客の要求をうまく受け止めることができた場合は、要求品質が高いものになり、逆に、顧客の要求をあまり正しく受け取ることができなかった場合は、要求品質が低くなります。顧客の要求は明示的なものだけではなく、暗黙的な要求や業界常識、過去の取引から当然と考えられる事項も多く、全てを正確に把握することはかなり難易度が高いといえます。しかも、顧客の要求が曖昧な定性的表現などになると、それをどう解釈すべきかについては過去からの経験やノウハウの積み重ねなど、その会社の力量が問われます。

　(2) の設計品質とは、要求品質の段階で「顧客はこういうことを求めている」と把握したものを、物理的な特性や化学的な特性を勘案して、図面や配合表、仕様に落とし込むレベルを示すものです。顧客から指定された寸法に対し、自社の加工工程を踏まえて実際に図面を作成したり、「押しやすいボタン」という要求を、押し圧が小さい（小さな力で押すことができる）という特性に変換したりして、それを満たすボタンとして「A 社製の、型番○○」などと部品表に落とし込みます。

　顧客の要求（を自社把握したもの）を、適切に図面などの仕様に落とし込むことができれば、良い製品が生産可能となって顧客の満足につながります。逆に、顧客の要求を十分に仕様に落とし込めなければ、顧客の満足は得られません。

　(3) の製造品質とは、開発部門や設計部門から提示された図面や配合表、仕様などを、ものづくりへと確実につなげることができたかどうかのレベルを示すものです。製造部門が作業の間違いや作業上の勘違いなどを発生させないようにしながら、いつ、何度生産しても、同じレベルの品質を確実に造り上げることが製造品質の肝になります。作業者の教育訓練を行ったり、生産設備を適切にメンテナンスしたりするのはそのためです。

　顧客の要求を反映した仕様の通りに製品を生産できれば、顧客の満足につながります。逆に、不良を発生させてしまったり、仕様を満たさない製品を造ってしまったりして、それらが出荷されてしまうと顧客の満足は得られません。

　(4) 使用品質とは、ものづくりが完了して製品が顧客に届いたとき

に、それを実際に顧客が使用してみてどう感じるかのレベルを示すものです。要求品質や設計品質、製造品質を適切に実現できても、製品を顧客が実際に使ってみたときに、顧客が考えていたものと違うと判断されてしまうと、それは使用品質が良くないということになります。また、使用品質の範疇には、初期に発生する品質トラブルや出荷時の営業の対応、問い合わせへの対応といったアフターサービスも含めて考えるのが一般的です。

これら4つのステップの品質（要求品質、設計品質、製造品質、使用品質）が全て適切に満たされて、初めて顧客の満足が得られることになり、「良い品質」と判断してもらえるのです。しかし、この4つの品質のどれか1つでも十分に満たされていなければ、顧客は不満を持ち、結果としてクレーム（あるいは次回の不買）につながってしまいます。

[2] ものづくりにおける4Mの視点

製造品質を考えるときに重要な概念が4Mです。4Mとは、人（Man）、機械（Machine）、材料（Material）、方法（Method）のことです（図2-12）。これら4つの要素を英語表記で書くと頭文字が全て「M」から始まることから、4Mと呼ばれています。これは製造業において極めて重要な概念であり、製品の品質を決める重要な要素と位置づけられています。

同じ作業者が誤差の全くない設備を使い、特性が全て等しい材料を使って、完全に同じ方法で製品を造れば、理論上は全く同じ品質のものが出来上がります。しかし、実際は人の作業能力にはばらつきがあり、

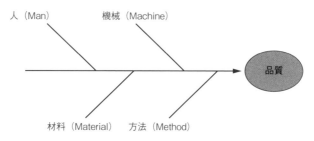

図 2-12 ● 4M 管理（企画・開発、生産）の概念図
（出所：筆者）

機械にも誤差やばらつきがあり、材料にも特性などのばらつきがあり、さらに作業方法や管理方法にも若干のばらつきがあります。そのため、製品の品質には一定のばらつきが発生します。作業者と設備、材料のばらつきをできる限り抑え、さらに作業方法や管理方法のばらつきをできる限り抑えれば、その結果として製品の品質のばらつきも抑えられるという考え方です。

この 4M 視点でばらつきを抑え込むための具体的な取り組みの方法があります。それが（1）QC 工程図、（2）作業標準書、（3）教育訓練の 3 つの手法です。

（1）の QC 工程図は、企業や業界によって名前が異なることがあります。QC チャートやコントロールプランと呼ぶところもあります。しかし、その作成の目的と基本的な内容はどれも同じです。製品の品質のばらつきをできる限り小さくして不良を造らないために、工程で何を管理する必要があるのか、具体的な管理の方法はどうするのかを定めたものが QC 工程図です。

（2）の作業標準書は、QC 工程図の作成によって明確になった各工程

で管理すべき項目を、具体的にどのような作業によって実現するかを示したものです。作業の方法や管理の方法などを具体的に定め、誰が、いつ行っても、同じ作業が正しくできるようにするためのものです。これも企業や業界によって名前が異なることがあり、作業手順書や作業指図書などと呼ばれていますが、書くべき内容は同じです。

（3）の教育訓練は、作業標準書を基にやるべき作業を正しく行うために、基本的な知識や技能を明確に示した上で、実際に作業を行えるように作業者に対して教育することです。

これら3つの手法については、実施を必須とする業界や企業もあれば、実施を明確にしていないところもあります。筆者の感覚では、3つの手法を適切に行っていると客観的に認められる企業は、管理が優れたごく一部の企業だけです。多くの企業が十分に行われているとは言い難い状況にあります。実施するにはそれなりの力量とパワーが必要になるため、本書ではぜひ実施してくださいとはあえて言いません。しかし、これら3つの手法の目的を理解し、そのエッセンスを各自の工場で展開するだけでも、品質の向上に十分に寄与することができます。

2.3.5　品質の造り込みの基本はQC工程図

QC工程図とは、製品の品質を保証するために、作業ごとに必要な管理項目や管理方法を明確にしたものです（図2-13）。QC工程図の活用により、工程での品質のばらつきを抑制して、良い品質の製品を生産することを狙います。

そのため、QC工程図の基本は製品の生産を始める前に、全ての工程

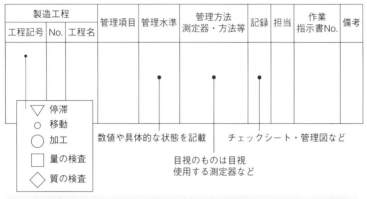

図 2-13 ● QC 工程図
（出所：筆者）

に対して何を注意すべきなのか、その注意の方法は何かを徹底して討議し、その内容を QC 工程図に盛り込むことです。

　しかし、実際に企業の QC 工程図を見ると、マネジメントシステムで要求されているからとりあえず作っているのだろうと思われるものが目立ちます。各工程で注意しなければならないこと（管理項目）の議論を全くせずに、従来機種の QC 工程図（QC 工程図っぽいもの）をコピー＆ペーストで流用しているだけといった事例をよく目にするのです。

　そうした取り組みでは品質は良くなりません。QC 工程図を作っても品質が良くならないという工場や、QC 工程図を作るのがとても面倒だという工場は、そもそも QC 工程図に対する理解が間違っていると考えるべきです。各工程で品質を確保するために何をすべきかという議論を行っていなければ、当然、その QC 工程図は品質の向上には役に立ちま

せん。役に立たない書面を工場の中で展開したところで、品質は上がりません。また、QC工程図を作るのが面倒だという工場は、それが品質を確保するために必要であることを理解していない証拠です。だからこそ、面倒だという声が出てくるのです。

2.3.6　QC工程図の本質的な意味

　各工程で何を注意すべきか、という管理項目は、ノウハウ（暗黙知となっている経験則など）をたくさん持っている工場ほど多いはずです。ベテランが長年の経験で体得した削り方のコツや塗り方のコツ、順番を決めるポイント、検査時のものの見方など、さまざまなノウハウは、それらをうまく活用することによって、良い製品をミスなく効率良く生産することができます。従って、どれだけのノウハウを文字として表せるかが、QC工程図の出来を左右します。

　ある工場の事例です。組み立て工程でQC工程図を見ると、管理項目に「部品の型番確認」と書いてありました。確かに間違った部品を組み立てると不具合が発生するため、部品の型番を確認することは必須であり、管理項目としては適切なものです。しかし、筆者が現場の作業者に「この作業は部品の型番だけを確認すれば、後は問題なく作業できるのですか」と聞いたところ、「そんな簡単なものではありません。部品の組み付け方や組み付けた後の確認方法など、他にも注意すべきポイントがたくさんあります」と言うのです。親切にも、その作業者は作業を行いながら筆者にそれらの注意点を教えてくれました。ところが、それらは一切QC工程図には書かれていませんでした。

　QC 工程図には本来、この作業者が説明してくれたような、良品を造るために押さえておかなければならないたくさんのポイントを明示しておくことが求められます。部品の組み付け方や部品を組み付けた後の隙間の確認方法など、その作業者の説明は極めて適切なものでした。こうした優れた作業者のノウハウを個人の知識にとどめておくのではなく、文字に起こして文書化することによって、その工場の組織的なノウハウにすることが QC 工程図の本質的な意味です。

　そのため、QC 工程図は出来上がった書面に価値があることはもちろんですが、それ以上に QC 工程図を作成する過程で行う現場が持つノウハウの明確化にこそ価値があります。この本質を理解せずに、コピー＆ペーストでただ書類だけを作成したり、各工程での議論を十分に尽くさなかったりすれば、当然ながら QC 工程図の意味はなくなり、それこそ「QC 工程図を作るのは時間のムダ」ということになりかねません。

2.3.7　QC工程図に書くべき管理項目

　QC 工程図を作成する際の管理項目の抽出には、結果系の管理項目と原因系の管理項目があります（図2-14）。結果系の管理項目とは、作業を行った後にその結果の良しあしを判断するための管理項目です。例えば、部品に油を塗る工程の場合、塗布したものを確認して正しく油が塗られているか、不要な場所に油が付着していないかなどを確認することを指します。

　一方、原因系の管理項目は、作業するに当たり、どのような作業をすべきかを定めるための管理項目です。例えば、部品に油を塗る工程の場

管理項目には「結果系の管理項目」と「原因系の管理項目」がある。

```
（塗布量の管理例）

　結果系：塗布したものを見て、はみ出しがないことを目視で管理
　　　　　　→塗布した結果で管理
　原因系：塗布する量を何ccかで管理
　　　　　　→塗布する材料の量（原因）で管理
```

図 2-14 ● QC 工程図の管理項目
（出所：筆者）

合、どの場所に、どれくらいの量の油を塗布するかを具体的に指示することを指します。

　つまり、結果系の管理項目は、作業が終わった後に何をチェックするかを定めたもの。原因系の管理項目は、作業をする前に何をしなければならないかを指示するものです。

　当然ながら、作業した結果を管理するよりも、作業をする前の指示を適切に行う方が効率的です。そのため、結果形の管理項目よりも、原因系の管理項目を確実に行うことが望ましいと思います。作業した結果で不具合が見つかっても、それらは不良や修正が必要になるだけです。それなら、作業を行う前に何をすべきかを規定し、その作業内容を適切に管理した方が、不良などの未然防止には役に立ちます。

　筆者は、これまでさまざまな工場で QC 工程図を確認してきました。多くが結果系の管理項目に偏っています。確かに、結果系の管理項目は作業をした後に何をチェックすべきかということなので、考えやすいという特徴があります。一方で、原因系の管理項目はどんな作業をすればよいかを考えなくてはならず、技術的な検討や作業方法を追究しなければならないため、検討の難易度は高くなるという側面があります。

しかし、先述の通り、品質を向上しつつ効率的な生産を行うために
は、原因系の管理項目をできる限り多く考えるようにすべきです。そし
て、原因系の管理項目だけでは抑えきれない部分に対し、補完的な形で
結果系の管理項目を活用するという考え方を導入することを勧めます。

2.3.8 誰もが確実に正しい作業を行うための作業標準書

品質を造り込むためにはQC工程図（正しくはQC工程図の考え方）
が極めて重要な取り組みになることを解説しました。しかし、QC工程
図があっても、その内容が正しく現場で作業として行われなければ、製
品の品質を確保できません。そこで必要になるのが、作業標準書です。

作業標準書は、QC工程図で明確にした、それぞれの工程でばらつき
なく、目的とする品質を確保するための管理項目を、確実に行うための
作業の順序や作業の方法を具体的に定めたものです（図2-15）。企業
によって作業標準書や作業手順書、作業指示書などさまざまな呼び方が
ありますが、基本的にはどれも同じ機能を果たす文書です。

よく誤解されるのですが、作業標準書とは、単に作業の順序を最低限
の条件と共に示したものではありません。そうした文書は悪い意味で
「ただの手順書」などと呼ばれます。適切な作業標準書とは、次の3つの
内容を確実に織り込んだものです。

（1）どのように作業すればよいのか、誰でも分かるように、作業の順序
や手順が明示されていること。
（2）作業するのに必要な条件、あるいは満たすべき仕様などが明確に示

作業標準書

・どう作業をすれば良いか、誰でも分かるように作業順序や手順が明示されている。
・作業に必要な条件や満たすべき仕様などが明確に示されている。
・作業のツボ（急所や要点）や コツ（ツボを押さえる要領）が明示されている。

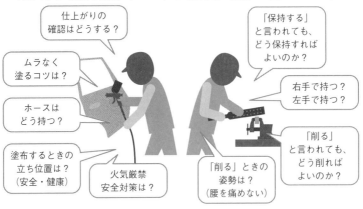

図 2-15 ●作業標準書
（出所：筆者）

されていること。

(3) 作業を行う上で注意しておくべき項目、作業上のポイントや注意点などが明示されていること。

　これら 3 つを兼ね備えたものが、本来の作業標準書です。しかし、現実の作業標準書は、これら 3 つの全てにおいて不完全であるものが珍しくありません。

　そもそも作業標準書とは、作業ができない人に対して、適切な作業ができるように教育するためのツールです。そのため、作業の仕方が分からない人に、このように作業すれば間違いなく作業できるということを理解させるための文章が本来の作業標準書です。

　例えば、表面を平らに削るという作業があるとします。この場合、作業標準書に「表面を平らに削ること」と書けば、それで作業が正しくできるでしょうか。既に表面を平らに削ることができる人は、この作業標準書を読むまでもなくその作業をこなせます。ところが、表面を平らに削ることができない作業者にとっては、「できないことをやれ」と指示されているに等しい作業標準書となります。これでは全く役に立ちません。

[1] 作業標準書の目的

　作業標準書の目的は、どの作業者でも作業ができるようにすることです。作業ができない人に対し、作業を正しく実施できるようにするための教育ツールが作業標準書となります。ここでさらに、どの作業者でも作業ができるようにするために、作業標準書にはもう1つの目的があります。それは、作業に必要なノウハウを明確にすることです。

　言えば分かる（教えればすぐにできる）簡単な作業はともかく、その作業に注意すべきポイントや作業上のコツなどがある場合、それらを作業ができない人に対して教育できるレベルに明文化することはとても難しいものです。

　例えば、「防錆剤をスプレーガンで塗布する」という作業では、スプレーガンをどう持てよいのか、スプレーガンを持って塗布するときの姿勢はどうしたらよいのか、ムラなく防錆剤を塗るためにはどのように手を動かせばよいのか、塗った後の仕上がり具合はどのように確認すればよいのか、火災の防止や安全対策はどのようにしておくべきなのか、と

いったさまざまな作業上の注意点が存在しています。とても「スプレーガンで塗布せよ」といった単純な言葉だけで指示が完了するものではありません。

　こうした注意点は、経験豊富なベテラン作業者や、技術に詳しい技術者の持つ多くの経験則や知識といったノウハウに関わるものです。作業標準書の作成では、企業やその中の組織（その中にいる人たち）が持つ暗黙知ともいえるノウハウを洗い出し、それらを具体的にどのようにすればよいかを分かりやすく文章で示すまでのプロセスが重要なのです。

　こうした取り組みを経て、作業に必要なノウハウを確実に盛り込んだ作業標準書を作っておかなければ、それらのノウハウは現場にいる特定の人や特定のベテラン作業者の頭の中だけにとどまることになります。こうしたノウハウの個人依存の状態を放置すると、その人が退職などで職場からいなくなると同時に、ノウハウも会社から消えてしまいます。

　従って、作業標準書を作成することは、個人のノウハウを企業のノウハウに落とし込む活動であるともいえます。作業標準書は出来上がった文章も重要ですが、それ以上に文章を作る途中の過程（暗黙知であるノウハウの形式知化）が大切であると言っても過言ではないのです。

［2］誰が読んでも分かる作業標準書

　作業標準書は、作業ができない人に対して作業ができるようにするためのツールです。従って、「誰が読んでも分かる」ようにすることが基本的な考えになります。そのため、「誰が」読むのか、すなわち読む対象者によって作業標準書を書き分ける必要があります。

（1）初級作業

　新人や経験の浅い作業者に教育する、比較的簡単な作業が対象です。パートなどの短期的作業者で、長期的な育成を想定していない人が行う作業もこの範疇に入ります。初級作業であるため、そもそも多くの事柄を覚えなくてはならない複雑な作業は対象外です。

　こうした初級作業に対しては、最低限の基本知識のみが教育された状態で現場に配属されることを前提に、1つひとつを丁寧に説明する必要があります。知らない人に対して、知ってもらうことがポイントです。経験の浅い人に説明した上で読ませて、さらに実践を経ることによって作業ができるようになることを狙います。

　これは想像以上に難易度が高いものです。知らない人に対して知っている人が教える場合、知っている人は、知らない人が何を知らないのかを推し量るのが難しいからです。「これくらいは知っていて当然だろう」といった感覚で教育を行っても、大抵、その推測は外れます。よほど注意して客観的に相手のスキルを見なければなりません。経験の豊富な人ほど注意すべきです。

（2）中級から上級作業

　難易度がある程度高い作業は、そもそも経験の浅い人や知識の乏しい人に担当してもらうことはないと思います。例えば、同じ職場の経験者に対して多能化を目的として教えるような作業や、より複雑で難易度の高い作業などです。そうした作業を教育しようとする作業者は、既に多くの知識や経験を持っています。従って、知っていることや既に修得し

ていることを、ことさら細かく具体的に書く必要はありません。むしろ、ある程度の知識や経験がある人に対して覚えてもらうべき新たな作業の注意点やポイントのみを、明確にかつ具体的に提示すれば、新しい作業が実行可能になります。

このように、「誰」がその対象になるかを考え、過剰な表現にも過小な表現にもならずに適切な内容を書くことが、使える生きた作業標準書に仕上げるポイントです。この過剰および過少の加減を外してしまうと、作業標準書は役に立たない文書になってしまいます。読むまでもないと放置されたり、読んでも分からないので誰かに聞けばよいと思われたりするからです。

近年、タブレット端末などのITツールの普及に伴い、作業標準書を電子化する動きが広まっています。ビデオを活用した動画マニュアルや、写真などを多用したビジュアルマニュアルはとても分かりやすいものです。しかし、これにも注意が必要です。

電子化された作業標準書は、教育を受ける側にとって分かりやすいというメリットがありますが、教育する側（電子版の作業標準書を作成する人）にとっても便利であるという利点があります。作業の動画や写真を撮り、それらをつなぎ合わせるだけで、簡単に作業標準書を作れるからです。しかし、重要なのはビジュアルではなく中身です。単に作業の動画を淡々と写すだけでは、作業者の教育訓練としては全く役に立ちません。作業標準書に必要な作業上の注意点などが説明されていなければ、意味がないのです。ところが、動画や写真を目にすると、教育を受ける側は「何となく分かった気になってしまう」という問題があります。

適切な紙の作業標準書を作るスキルがなければ、電子化された作業標準書を作ることはできないと思ってください。ITツールを使った作業標準書は「強い者（適切な作業標準書を作れる工場）が、さらに強くなるための武器」であり、「弱い者（適切な作業標準書を作れない工場）が、強くなるための武器」ではないのです。

2.3.9 適切な作業を確保するための教育訓練

適切なQC工程図と作業標準書があれば、それらを活用して教育訓練を行うことで、誰もが適切な作業を行えるようになります。作業標準書がない状態で教育訓練を行うと、教える人によって作業のやり方や注意すべきポイントがばらばらになります（図2-16）。すると、教育を受けた人の作業のやり方や作業のスキルもばらばらになってしまいます。これでは品質を確保することができないことは明白です。

作業標準書（つまり、どのような作業をすべきか）が明確でなければ、
「見よう見まね」「背中を見て学べ」の教育になってしまう。

図2-16 ●教育訓練
（出所：筆者）

　ある会社の事例を紹介しましょう。長年、現場の作業者の自主性に任せたものづくりを行ってきた会社が、世代交代にともなって、若手社員に対する教育訓練をしっかりと行わなければならないという問題意識を持つようになりました。若手作業者に対し、現在どのような作業教育を受けているかをヒアリングしたところ、驚くべきことが分かりました。教える側であるベテラン作業者の作業のやり方が人によって異なるため、若手作業者は、指導してくれるベテラン作業者に合わせて作業のやり方を変えていたのです。

　例えば、ベテラン作業者のAさんと一緒に仕事をするときには、Aさん流のやり方を採用し、ベテラン作業者のBさんと仕事をするときには、Bさん流の仕事のやり方を採るといった具合に、ベテラン作業者によって若手作業者は作業のやり方を変えていたのです。なぜかといえば、一緒に仕事をするベテラン作業者と違ったやり方で作業すると、若手作業者はこっぴどく叱られることがあったからです。

　若手作業者は明らかに混乱していました。おまけに、ベテラン作業者のやり方をそれぞれ確認してみると、品質的に適切なやり方をしている人がいなかったという笑えないオチまで付いた事例でした。

　このように、作業標準書がない上に、教育訓練のやり方も含めて現場のベテラン作業者の自主性に任せる方法、すなわち職場内訓練（オン・ザ・ジョブ・トレーニング：OJT）に依存すると、品質の確保に大きな問題が発生することになるのです。

　教育訓練のやり方については、作業標準書に基づいて教える人がやってみせ、その内容を分かりやすく言って聞かせた上で、教育を受ける人

にさせてみる。そして、その結果を適切に評価するという方法が一般的です。具体的な実践手法については類書に譲り、ここでは教育訓練を行う際に、必ず押さえておくべきポイントを紹介します。

　それは、教えた後、作業を適切に習得したかどうかの「見極め」です。先述の通り、一般的な作業者教育では、教育をした後で実際にやってもらい、正しい作業ができれば教育完了となります。教育が完了して作業認定を行った人のみが、作業工程で作業を行うことができます。

　ここで、作業を習得したか否かを見極める手法として必ず採り入れてほしいことがあります。それは、単に黙々と作業してもらうのではなく、作業を進めながら、作業の手順や作業上の注意点などを声に出してもらうことです。教育者から教わった後、「では、次はやってみて」と言われた場合、見よう見まねでも作業はできてしまうものです。そのため、本当に作業のやり方や作業上の注意点を理解しながら作業しているかどうかを確認する必要があるのです。

　作業の手順や作業上の注意点などを声に出しながら作業してもらうことは、作業の習得具合を見極めるとても有効な手段です。ここで、十分に理解しないまま作業を行っていた場合、適切な説明ができなかったり、必要な注意事項を言い忘れたりしてしまいます。これにより、作業者の習得不足を判断することが可能になるのです。

◀ COLUMN ▶

　ある有名企業の海外工場の事例だ。工程での品質不具合を是正する取り組みにおいて、筆者はまず、作業標準書の内容を確認した。そこには極めて適切な内容が書かれていた。第三者である自分でも、これを基に

作業をすれば良い作業ができるであろうと確信の持てる、きちんとした内容だった。

　そこで、筆者は現場に行き、作業者のＡさんに問い掛けた。作業内容やその順序、そして作業上の注意点について教えてくださいと。すると、Ａさんは作業をしながら、作業標準書に書かれている内容に沿った手順の説明と注意ポイントを全て適切に答えた。ところが、別の作業者のＢさんは、作業の手順を説明することができず、作業上の注意点も不十分な形でしか説明ができなかった。

　これを踏まえ、品質部門の責任者に対し、現場の作業者のＡさんは品質不良がほとんどなく、逆にＢさんは品質不良多発させていたのではないかと筆者は問い掛けた。すると、品質部門の責任者は、まさにその通りだと実際の作業実績を見せながら答えてくれた。

　適切な作業標準書が用意されているこの工場において、その内容を正しく理解している人は品質不具合を出す可能性は低い。だが、作業標準書の内容を十分に理解しないまま作業している作業者の手によって、品質不具合が生み出されていたのだ。この結果を踏まえ、作業標準書の内容を適切に理解するような教育訓練を実施することにより、この工場では品質不具合を大きく減らすことができた。

　見よう見まねでも、とりあえず作業はできる。だが、本当に理解して作業しているかどうかが、継続的に良品を生産できる作業者か否かを判断するための重要な指標になるのである。

2.4　品質・安全のコンプライアンスなくして生産はない

2.4.1　不正が許されない世の中に

　現在は、企業のコンプライアンスが厳しく問われる時代です。企業の不適切な行動が、行政や司法といった公的機関からだけではなく、一般

市場や顧客からも厳しく指弾され、時には企業生命すら危うくするまでになりました。

　企業の不適切な行動には、会計不正や品質不正、安全に対する規制違反などが挙げられます。こうした不適切な行動は、現在に限らず昔から当然、非難の対象でしたが、かつては、「売り上げのため」「利益を確保するため」「顧客の要望を満足するため」「従業員を守るため」といったさまざまな理由により、企業の内部では不適切な行動を正当化し、時には黙認されることもありました。しかし、今はそうした「企業内部の論理」による自己中心的な正当化を、市場や顧客は受け入れない時代になっています。

　本書では、特に工場におけるコンプライアンス、すなわち品質不正と、安全に対する規制違反について解説します。

　まず、品質不正とは、顧客との品質上の約束事を偽って製品を出荷することです。例えば、明らかに顧客の要求水準を満たしていない粗悪な不良品を、良品と偽って出荷するという極めて悪質なケースがあります。加えて、顧客の要求水準をわずかに満たしていない不良品を、「顧客が実際に使用する範囲においては特段の問題は発生しないから」という理由で、良品と偽って出荷をする場合があります。さらには、顧客の要求水準を満たしている良品ではあるものの、顧客が指定した生産方法や検査方法などを守らず、それでいて指定された内容をあたかも実行したかのように偽って出荷するケースなどがあります。

　また、安全に対する規制違反とは、従業員の身体や財産の安全を脅かすような行動（これを不安全行動といいます）を許容したり、従業員の

身体や財産の安全を脅かすような状態（これを**不安全状態**といいます）をつくってそれを放置したりすることです。法令で厳しく定められた取り組みを行っていない悪質なものから、企業内部で定められた活動を適切に行わず、従業員の安全を脅かすような作業をさせたり、そうした不安全な状態を放置したりすることなどが挙げられます。さらに、適切な設計や生産を行わなかったために、顧客の身体や財産の安全を脅かすようなことも、この範疇で議論すべきものです。

　品質不正を起こすと、顧客の信用を失い、契約や信義を前提にしているはずの企業間取引を根底から崩すことになります。その結果、企業の信頼が損なわれ、存立を脅かすような危機的な状況に発展してしまいます。不安全行動や不安全状態をつくることについても、従業員や顧客に対して不可逆的な障害を生じさせてしまうなど、取り返しのつかない状況を引き起こしてしまいます。

　万が一、「この程度なら問題ないだろう」といった安易な気持ちでコンプライアンスを脅かす行動を許容してしまう工場マネージャーがいるとしたら、その人物は直ちにその任を解かれるべきです。

2.4.2　コンプライアンスとは

　まず、コンプライアンス（Compliance）とは、直訳すると「法令順守」となります。これは明文化された法律や条例を守るのはもちろん、暗黙的な社会規範や業界のルールを守ることなどを含めた、とても広い概念と捉えてください。もちろん、あってはならないことですが、暗黙的な業界のルールなどが法律や条例、社会規範に反している場合は、当

然ながら、法律や条例、社会規範を優先しなければなりません。

　よく言われる「コンプライアンス順守」とは、コンプライアンスの単語に法令を順守することが含まれているので厳密には同義反復になりますが、法律や条例、顧客との契約事項、社会規範を守ることをいいます。逆に、「コンプライアンス違反」とは、それらに違反をすることを指します。報道でよく目にする「品質コンプライアンス」とは、品質に関わるコンプライアンス、すなわち、ものの品質や仕事の品質など、広い意味で品質に関わる約束事を守ることだと考えてください。

　このように、コンプライアンスは広い意味を持っているため、筆者は［1］法規範、［2］社内規範、［3］倫理規範を守るという視点をもって、「コンプライアンスの3本柱」としています。

［1］法規範を守る

　定められた法律や条例、法的な拘束力を持つ規則は、罰則の有無にかかわらず、企業が産業社会の中で円滑に行動するために、必ず守らなければならないものです。明文化された顧客との契約などもこの範疇として考えます。

［2］社内規範を守る

　組織内で定められた業務マニュアルや業務規則もコンプライアンスの範疇です。特に、社内規範に含まれるマニュアルや規則の多くは、顧客との契約事項に準拠したものであり、それらを守らないことは顧客との約束事を守らないに等しい行為となります。暗黙的な顧客との約束事も

この範疇として考えます。

[3] 倫理規範を守る

　職務上、順守しなければならない企業倫理や、人として守るべき社会
的倫理は必ず守らなければならないものです。仕様として文書に明記さ
れてはいないものの、顧客との誠実な取引関係において守るべき事柄な
どは多く存在しています。例えば、嘘をつかない、ごまかさないといっ
たことも倫理規範の一種になります。

　コンプライアンスを考えるときには、そもそも何を守る必要があるの
かを明確にすることが大切です。企業の経営者が「コンプライアンスが
大事だ」と声高に叫んだとしても、そもそも「自分は何を守ればよいの
か」が明確になっていなければ、従業員はどのような行動を取ったらよ
いのか定まりません。

　実は、自社が何を守る必要があるのかを、明確な形で示すことができ
る企業は極めて少ないというのが現実です。守るべき法令を知っている
人がいたり、守るべき規則を把握している人がいたりして、情報が個々
の部門や個人に偏在して蓄積されており、それを基に個々の業務が遂行
されています。これでは組織として守るべきことが包括的に把握されて
おらず、組織内に展開されていないため、問題だと捉えるべきです。

　コンプライアンス問題を引き起こした企業の調査報告書には、「コン
プライアンスに対する意識の強化」「コンプライアンス教育の実施」な
どが対策として書かれています。しかし、組織において守るべきことが

明確でなければ、いくら経営陣が「コンプライアンス」を叫んでも、組織のメンバーは「守るべきものが分からないので、何をすべきなのかが分からない」ということになります。

　間違っても、組織のメンバーに対して「何を守るべきか、自分の常識で考えろ」と丸投げすることは絶対に避けるべきです。コンプライアンスを自分で考え、自分で守るといった「マッチポンプ」では、コンプライアンス違反を断ち切ることは難しいからです。マッチポンプとは、自ら問題を提起して（マッチで火をつけ）、自ら解決をする（ポンプの水で消火をする）といった自作自演的な活動を指します。問題の本質改善には至らないネガティブな言葉です。

　コンプライアンスを強化したい工場マネージャーは、まずコンプライアンスの3本柱を意識し、守らなければならない法規範と社内規範、倫理規範は何かを明確にすることを考えてください。コンプライアンス意識の強化はもちろん重要ですが、組織のメンバーに対して守るべきことの全てを明文化する取り組みも大切です。これには暗黙の了解や常識の範疇も含みます。暗黙の了解や常識は極めて漠然としており、これらは人によって認識に大なり小なりのズレがあります。だからこそ「守るべきことの全て」を明文化することが大切なのです。

2.4.3　見えにくい品質不正問題

　2017年ごろから、日本の産業をけん引してきた名だたる企業における品質不正が次々に明るみに出て、日本企業の品質に対する信頼を根幹から揺るがしかねない状況になっています。取引の大原則として、購入

する側（買い手）は、販売する側（売り手）に対して、約束に基づいた製品の納入を期待します。詐欺師の手口に「嘘に少しの真実を混ぜると、全体が真実に見える」というものがありますが、品質不正が発覚すると「ほとんどが真実であっても、そこに少しの嘘が混じると、全てが嘘に見える」となってしまいます。このことを肝に命じ、工場マネージャーは改めて品質不正を撲滅すべく、真摯に生産現場の実態を見つめ直す必要があります。

　報道されている品質不正の多くは、最近になって開始されたものではなく、いつ不正行為が開始されたのか正確な時期やその時の状況が分からないほど、長年にわたって行われてきたものです。

　不正行為が「不正」だと公に認識されているのに、行われているのは論外です。しかし、多くの人が関与する生産現場においては、不正行為が日常の業務フローに落とし込まれており、実行者である生産現場では「手順通りの正しい作業」を行っている可能性があることにも留意する必要があります。

　例えば、顧客から「作業方法Aの実施」を指定されていたとしても、顧客との取り決めを記載した契約文書などが生産現場に開示されることはまれです。もし、作業方法Aの実施にコストがかかるといった問題があり、誰かが勝手に現場への指示を作業方法Bに変更したらどうでしょうか。生産現場には「作業方法Bで行うこと」という作業手順書が提示されることになります。すると、顧客の契約と異なる不適切な作業方法Bを行っていても、現場の作業者にとっては「指示された作業を適切に実施していた」ということになってしまいます。

　開発設計の場面でも同様のことがいえます。不正行為を始めた最初の「悪人」は別ですが、それ以降で考えると、開発設計の技術者が意図せずに不正行為に関わってしまうこともあり得ます。例えば、新モデルの立ち上げ時に、顧客との全ての契約項目について詳細確認をせず、前モデルの契約内容を流用しつつ、検討が必要な項目だけを追加確認するといった開発手法があります。この手法は変化点管理の概念を生かしたものであり、開発設計を効率化する目的があって、多くの企業で広く活用されています。

　ここで、新モデルの開発設計時に、例えば「作業方法は前モデルと同様」と誰かが判断すれば、作業方法に関する確認が行われなくなる可能性があります。すると、前モデルにおいて「顧客からの指示と現場の作業が異なる」という不正な状況があるにもかかわらず、そこにメスが入らないまま新モデルの生産が開始されてしまいます。こうなると、開発設計の技術者であっても不正行為の存在に気が付かないまま、「正しい開発手順で業務を適切に実施していた」となってしまいます。

　このように、組織の誰か（ごく一部の人間）が、あるタイミングで情報をコントロールしてしまえば、組織全体としては不正行為を行っているという認識すら持つことなく、「誠実に業務を実行している」という状態が出来上がります。こうなると、善良な技術者や作業者が意図せずに不正行為の実行者になってしまうこともあり得るのです。品質不正が長年にわたって続く背景には、こうした現場の実態もあるのです。

2.4.4　品質不正の手口を知る

　組織内部に根深く巣食う品質不正の問題に、どのように対応すべきなのか。その対策を考えるには、まず不正行為の生々しい実態を把握することが重要です。「犯罪の手口を知らなければ、犯罪を撲滅できない」と言って差し支えないでしょう。ここでは、さまざまな品質不正がある中で特に目立つ、工程における「検査不正」について解説します（図2-17）。

　生産現場で行われる検査不正は、主に労力や時間を節約するために行われるものです。検査作業の不正について、よくある不正行為を紹介しましょう。

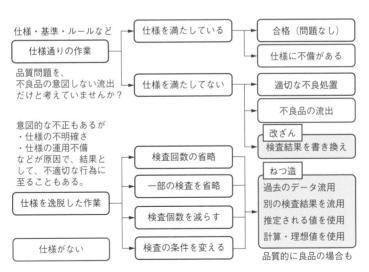

図2-17 ●品質不正（検査不正）の体系
（出所：筆者）

［1］定められた検査の未実施、あるいは必要な検査項目を一部省略する

　検査を実施していないのに、実施したように見せ掛ける不正行為です。このケースは、会社が本来必要な人員数を確保していないのに、工程がその能力以上の検査をこなさなくてはならない状態に陥った場合などに行われます。

　納期が迫っていて必要な検査を全て実施していては時間が間に合わない場合や、技術的に技量が求められる面倒な検査が存在している場合、検査するために製品を破壊する必要があるものの確保した良品を減らしたくない場合などにも行われます。

　そもそも検査を実施していないため、検査結果のデータがないので、データをねつ造せざるを得なくなります。

［2］実施した検査結果を改ざん・ねつ造する

　検査は実施するものの、検査結果が望ましくなかった場合に、検査結果を望ましい内容に改ざんをする不正行為です。このケースは納期に余裕がなく、検査結果が不合格になっても、ひっ迫する納期に対応せざるを得ないような場合に行われます。検査結果が不合格だった場合に要する生産のやり直しや修正、手直しを行うと、納期に間に合わないからです。

　また、製造部門への工数負担や、調達部門への追加部材の手配負担といったコストの負担が発生する場合に、そうしたコスト負担を嫌って検査結果の改ざんを行うことがあります。

　検査は実施しているため、データはあります。従って、データを加工

して合格したように見せ掛ける不正と、全く別のデータに入れ替える不正があります。前者は改ざん、後者はねつ造の範疇になります。

［3］合格するように検査条件を勝手に変える

　検査の条件などを意図的に変えることで、検査結果を望ましいものにする不正行為です。このケースは、検査に合格しやすくなるように、検査の条件や検査治具、検査機器の状態を変えることができる場合に行われます。

　何度も不合格が発生する場合でも、治具の形状や検査時の条件を少し変えると、検査結果が合格になる場合があります。「定められた検査条件から逸脱させて強引に合格値を得る」という悪質なものから、「規格内で少し温めてから検査すると合格になりやすい」といった姑息なものまでで、とにかく検査合格にすることを目的とした行為です。

　検査は実施しているが、検査条件が変わっているため、検査の条件や結果の書き換えといった改ざんせざるを得なくなります。

［4］合格するまで検査を何度も繰り返す

　このケースは、不正とは一概に言い難いグレーゾーンを含みます。複数回の検査のやり直しが顧客によって許容されている場合は、不正行為にはなりません。検査結果が不合格であっても、同じ検査を何度か繰り返すと、測定の精度のばらつきや検査方法のばらつきによって、合格相当の結果を得られることがあります。

　いわゆる規格ギリギリのものが検査対象であった場合によくあること

ですが、「1 度でも合格になれば出荷 OK」という誤った意識が現場に根付くことで、別の不正を誘発させる原因にもなるので、注意が必要です。

　続いて、こうした不正行為が生産現場や検査の現場でどのような手口で行われているのかを見てみましょう。不正の手口は、大きく「ねつ造」と「改ざん」に分けられます。

［5］データのねつ造

　存在しないデータを、存在するかのようにでっち上げる不正の手口です。以下のような手口があります。

（1）過去の合格値をコピー＆ペーストで活用する

　ねつ造といっても、でたらめな値を作り出すこと意外に骨の折れる作業です。そのため、過去に経験した合格値（実際に合格の実績があるもの）を流用するのがこの手口です。

　実績のある値なので、でたらめな値をわざわざ考えるよりは心理的な負担も小さくなります。昔の検査結果を一部、または丸ごとコピーして活用するので手間もかかりません。

　過去の複数の検査結果を組み合わせて活用することもあります。また、過去の検査結果を、そのままコピーするのではなく、少しだけ数値を変えるといった合わせ技もあります。

（2）他製品や試作時のデータを流用する

　合格値のコピー＆ペーストという意味では上記と同じ手口ですが、データの出所が類似の他製品のものであったり、試作評価時のもので

あったりすることもあります。いわゆる「チャンピオンデータ」といって、好条件で最も良い結果が出たときの検査結果を活用することもあります。

(3)　理論的にデータを算出する

　データの整合性やばらつきなどを考慮し、理論的に無理のない値を創出する手口です。このケースでは、不正データを創出するためのプログラムを活用する手法もあります。単なるランダムなデータでは統計的な分析によって不正が露見する可能性があるため、正規分布の概念を導入したり、ロット変動のような動きや気候変動を加味したりすることで、より真実味のあるデータにすることも可能です。そのため、こうした技術的な工作が加えられるほど、不正行為を見抜くことは難しくなります。

　一方で、技術的な難易度が高い分、実施する場合は、現場だけにとどまらず、技術者による指南などを含めて複数の関係者が共謀することを余儀なくされます。

[6]　データの改ざん

　悪いデータを良いデータに書き換える手口です。以下のような手口があります。

(1)　不合格値に一定の値を加えたり減じたりして合格値に書き換える

　不合格値に対して適当な値を加減することで、合格値に書き換える手口です。例えば、規格が「5.0以上」の検査において測定値が「4.9」だった場合に、「0.2」を加えて測定値を「5.1」に改ざんする操作を行います。現場で出所不明の「検査値＋0.2」を指示するメモが使用されるロー

トルな手法から、検査プログラムを改造して検査結果を自動的に「補正」する高度な手法が使われることもあります。

(2) 検査条件を実際とは異なるものに書き換える

　検査そのものは実施しているものの、定められた条件で検査していない場合に、あたかも定められた条件で検査をしたように検査記録に書き換える手口です。例えば、仕様では「5.0V」の電圧で測定するように規定されているにもかかわらず、それでは不良になってしまうので、電圧を「5.3V」に上げて測定し、合格の検査結果を得るといったものです。しかし、検査記録は電圧5.0で測定と書き換えてしまうため、一見すると正しい作業をしているように見えるのです。

(3) 検査結果を実際とは異なるものに書き換える

　これは嘘の結果を書くため、ねつ造です。ただ、本来定められた検査方法とは異なる検査をしていた場合は、一概にねつ造とは言い難い場合があります。例えば、手間がかかるなどの理由で定められた本来の検査を省略し、方法の異なる簡易検査を実施して得た結果から、本来の検査を行った場合の結果を推定して記録する手口が挙げられます。

　本来は、顧客の了解を得た上で検査方法を変更することが正しい手続きです。しかし、顧客に変更申請すると、その後の正規の手続きで行われる評価などが相当面倒であるため、こっそりと変更してしまうという現実が背景にはあります。

2.4.5　品質不正に手を染めた現場も品質不正の被害者

　最初に明言しておきます。筆者としては、品質不正は企業として許さ

れない行為であり、ものづくりの世界で生きる人間としてそれを許容することはできません。しかしながら、「きれいごと」だけでは、品質不正をなくすることは難しいとも考えています。

　品質不正を起こした企業に対し、「コストや納期を優先するあまり、品質を軽視する風土になっていたのではないか」という指摘が挙がります。儲け優先の企業体質によって、現場では品質の軽視につながり、安易に品質不正に手を染めてしまうことになっているのではないかという指摘です。しかし、営利企業であれば儲けを志向することは当然で、儲けを重視する企業風土自体を非難される筋合いはありません。「儲けを優先すれば品質が軽視される」といった、安直な二元論で語ることには筆者は反対の立場を取っています。儲けと信用（品質）という独立した要素を混在させていることに問題があると考えるからです（図2-18）。

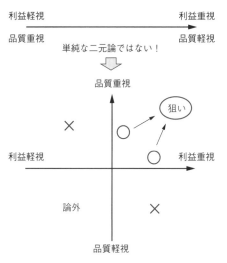

図2-18 ●利益か品質か？
（出所：筆者）

　品質不正の背景には、必ず「動機」が存在しています。もし、技術的に品質を十分に確保する力があり、無理なことをしなくても十分に開発や生産ができる納期が設定されていて、技術者や作業者などの人材が適切なタイミングで実行部隊に供給されているのであれば、そもそも品質不正など行う必要はありません。

　しかし、現実には顧客から絶え間なく性能の向上など厳しい品質要求を受けています。厳しい価格低減の要求も毎年のように突き付けられています。これに対し、企業が確保できる資金や人材には限界があります。厳しいコスト要求に対しては、開発設計部門でも生産部門でも、あらゆるコスト低減策を既に行っているものです。また、厳しい納期要求に対しては、努力はするものの、適切なタイミングに適切な人員の投入が必ずしも実行できているわけではありません。品質問題についても、技術的に高度な問題は容易に解決できるものではありません。

　不良品が多くて出荷数量が確保できない、品質問題によってコストが増大して利益を圧迫している、品質問題により納期を守ることができない。こうした厳しい環境であるにもかかわらず、「今日の出荷は死守せよ」、「開発評価は今週中に絶対に完了させろ」などと厳命された現場の担当者は、切羽詰まった状態に追いやられてしまい、緊張が頂点に達した状態で、越えてはいけない一線を超えてしまう……。これが、品質不正が発生する現場の生々しい実態であり、品質不正を行う動機になるのです。

　これをもって、品質不正を正当化し、不正行為を許容するつもりは全くありません。現実には品質不正に手を染めたくなる動機が、企業の中

に常に存在することをしっかりと認識しなければならないということです。

　この問題を解決するための正攻法は、品質不正の動機をなくすことに尽きます。そのためには、地道な努力の積み重ねにより、適切な技術を確保すること、厳しい納期要求にも無理なく対応できるようにプロセス改善を推し進めること、適切なスキルを持った人材を確保して教育することなどが必要です。また、顧客との意思疎通によって無理のない価格や納期の設定を実現することも必要でしょう。

　こうした問題の根本対策は、経営者や工場マネージャーが責任を負って強く推し進める以外に方法はありません。たとえ理想論と言われようが、これ以外に本質的な対策はないと考えます。

　経営者や工場マネージャーが根本対策から目を背け、現場に対して日々の努力を強いる状態をつくった揚げ句に、現場が切羽詰まった状態に陥った場合、現場に「何とかせよ！」と明示的に、あるいは暗示的にプレッシャーをかけると、現場には抗う術はありません。すなわち、「何とかする＝不正行為に手を染める」となってしまうのです。

　品質不正の問題を解決するには、経営者や工場マネージャーが根本的に手を打ち、その動機をなくすことが重要です。現場で発生する動機を放置したまま、現場に「何とかしろ」と迫ることは、現場に不正行為を行わせることになると認識してください。

2.4.6　品質不正を防ぐ鍵は仕事の「見える化」

　品質不正は、品質とコスト、納期に何も問題がなければ、そもそも発

生することはありません。ところが、現場が品質やコスト、納期に関して切羽詰まった状態に直面した上に、上司や関係部門からのサポートもないまま「今日の出荷を死守せよ」などと迫られると、「やむを得ない状態だった」という言い訳（自己弁護）によって、仕方なく手を染めてしまう。これが品質不正が発生する経緯なのです。

　もし、組織の全ての人間が「品質不正もやむを得ない」と許容している「悪人」であるならば、全員が協力して（あるいは見て見ぬふりをして）品質不正の実行に加担するのですから、その組織での品質不正は防ぎようがありません。関係する全ての人が、不正の実行とその隠蔽に加担すれば、さまざまな手段が組織内で繰り出され、技術的にも仕組み的にも巧妙に品質不正が行われてしまいます。こうなると、品質不正を阻止することはできず、外部に露見することも難しくなります。

　しかし、組織の中には、品質不正を受け入れない「善人」が必ず存在しているはずです。事実、ここ数年で報道されている企業内における品質不正において、露見した理由は、ほぼ全て内部告発（公益通報）によるものです。これは、組織の中で品質不正を受け入れない「善人」が存在しているという紛れもない証拠であるといえます（義憤に駆られた良識ある人だけではなく、例えば企業内部の派閥争いの攻撃材料としての告発という可能性も否定はしませんが）。

　社内が全員「悪人」で占められており、皆で知恵を絞って品質不正を実行して隠蔽するというのであれば対処は難しいのですが、社内に「善人」がいるのであれば、その「善人」の行動を、いかに促進するかが品質不正の実行と隠蔽を防ぐ鍵となります。

　品質不正を確実に防ぐためには、IoT（Internet of Things）の活用など情報技術を駆使し、あらゆる業務プロセスや生産活動から人の作為的な関与を排除すればよいと指摘されています。しかし、現実には費用の問題やオペレーションの柔軟性確保の問題から、そうした取り組みには限界があります。

　こうした中で、いかに品質不正の発生を防ぐかを考えと、鍵になるのは組織の中にいる「善人」の存在です。品質不正は、先の検査不正の項で挙げたように、ねつ造や改ざんのほか、決められたことを実施しない、必要な手続きを行わずに諸条件を変える、許可なくサンプルや試料を入れ替えるなどの行為によって行われます。こうした行為が特定の個人の中だけで行われてしまうと、組織の中にいる「善人」はそれに気づくことができず、結果として品質不正の実行が可能となってしまいます。

　これを逆から考えると、組織の中のより多くの人に仕事の実情が分かるように、仕事の「見える化」を行えば、品質不正の実行はより困難になるということになります。組織の中で多くの人の目に触れるような状態で、品質不正を行う。そのためには、多くの協力者を確保するか、品質不正を隠すためにより巧妙な小細工が必要になります。先述の通り、品質不正は一般に品質やコスト、納期に関して切羽詰まった状態で起こります。こうしたプレッシャーを受ける中で、わざわざ手を掛けて面倒な小細工をしなければならないとなれば、負荷が大きくなって、品質不正を行おうとする「悪人」にブレーキをかけることができます。

　例えば、「検査に必要な時間が1ロット当たり30分」という情報と、「今日の検査対象は10ロット」という情報が、見える化されて組織内で

多くの人の目に付く状態であったとします。すると、今日の作業実績が300分（5時間）であれば辻つまが合いますが、3時間で作業が完了していれば「おかしい」と気づきます。これをごまかすためには、1ロットの標準的な作業時間をごまかすか、今日の作業実績をごまかすといった手が考えられますが、どちらも、より多くの人が介在する可能性が高まるので、不正行為をしづらくなります。

　工場マネージャーは、顧客仕様から社内仕様への展開のプロセスや、過去からの実験データ、試作時の検査データ、日々の特性の推移、作業の実績など、品質不正につながるような仕事に関わる情報を、特定の個人でクローズさせてはいけません。社内の多くの人が容易に把握できるように見える化することで、仮に品質不正を行いたくなる動機が生じたとしても、「他の人に気づかれてしまう」と感じて実行を躊躇するような環境をつくることを考えるべきです。

2.4.7　安全の確保は工場マネージャーの絶対責務

　品質の確保と同時に、生産現場で最も厳格に守るべき重要な要素が安全です。ひとたびけがや事故が発生してしまうと、被害回復のための費用や取引先の離反、社会的な制裁など、経営的に計り知れないダメージを与えてしまうことになります。さらに、事故をきっかけにして現場の雰囲気は暗くなり、作業者のモチベーションが下がるために、さらなるミスや事故を誘発させるという悪循環に陥ってしまいます。

　しかし、品質におけるコンプライアンスと同様に、安全におけるコンプライアンスにおいても、目の前の生産活動を優先するあまり、必要な

安全確認を怠ったり、安全上決められた手順を省略したりすることが横行しています。作業に慣れてしまった現場では、今まで大丈夫だったから今回も大丈夫だろうなどと安易な判断をして安全軽視の行動を取ってしまうことがあります。工場マネージャーですら、こうした行動を黙認しているケースが珍しくありません。

　労働災害には、「不安全行動（安全ではない行動）」の結果として起こるものと、「不安全状態（安全ではない状態）」の結果として起こるものがあります（図2-19）。厚生労働省が毎年発表している「労働災害原因要素の分析」では、不安全な行動も不安全な状態もないにもかかわらず、労働災害に遭った件数はわずかしかありません。ほとんどの場合は、不安全状態がある中で、かつ不安全行動をした結果として災害に遭っていることが明確に示されています。

【労働者の不安全行動】
1. 防護・安全装置を無効にする
2. 安全措置の不履行
3. 不安全な状態を放置
4. 危険な状態をつくる
5. 機械・装置等の指定外の使用
6. 運転中の機械・装置等の掃除、注油、修理、点検等
7. 保護具、服装の欠陥
8. 危険場所への接近
9. その他の不安全な行為
10. 運転の失敗（乗物）
11. 誤った動作
12. その他

【機械や物の不安全状態】
1. 物自体の欠陥
2. 防護措置・安全装置の欠陥
3. 物の置き方、作業場所の欠陥
4. 保護具・服装等の欠陥
5. 作業環境の欠陥
6. 部外的・自然的不安全な状態
7. 作業方法の欠陥
8. その他

図2-19 ●不安全行動と不安全状態
厚生労働省の挙げる労働災害が発生する原因の類型。これをベースに自社なりの環境を踏まえて自社の言葉に置き換えるとよい。
（出所：筆者）

　工場マネージャーの最も重要な責務として、現場から不安全な状態をなくし、そして作業者に対しては不安全行動を取らないように指導を尽くすことが求められます。いくら工場マネージャーが安全に配慮した現場をつくり、不安全状態をなくしたとしても、作業者が不安全行動を取ってしまえば、労働災害は防げません。また、作業者の行動が不安全状態を作り上げてしまい、結果として労働災害を引き起こされてしまうこともあります。つまり、工場マネージャーはもちろん、現場で働く作業者の1人ひとりが、「何が不安全な行動なのか（何が危険な行動なのか）」、そして、「何が不安全な状態なのか（何が危険な状態なのか）」を理解しておかなければなりません。そのためには、工場マネージャーが、現場の作業者に対して、不安全な行動とはどのような行動を意味するのか、そして不安全な状態とはどんな状態を指すのかを分かりやすく理解させることが重要な役割となります。

　厚生労働省は労働災害が発生する原因の類型として、12の不安全行動と、8の不安全状態を挙げています。このうち、不安全行動に類されるものは、ほとんどが現場で決められた安全手順やルールを守らない行動になります。実際、死傷を伴う労働災害の原因のほとんどが、決められた安全手順を守っていない、決められた保護具を着用していない、決められた指示を守らずに危険な場所に立ち入るなど、職場での危険に対する感度が低いために起こった「不安全な行動」に分類されるものです。

　決めごとを守る職場風土が崩れてしまうと、当然ながら、安全に関する決めごとも守られなくなります。「決めごとは面倒だ」「自分は楽をしたい」といったメンタリティーで決めごとを守らなかったり、作業優先

の指示の下に、多くの決めごとをないがしろになってしまったりすると、安全を確保できなくなります。

「たかが決めごと。別に守らなくても生産はできる。むしろ余計なことをすれば生産性が悪くなる」と、見せ掛けの効率を追求すると、その反動はあらゆる決めごとを守らないという職場にとって致命的な状況を生み出すことにもつながります。

2.4.8　品質や安全に対する言行不一致をなくす

品質不正に手を染める。安全上の決めごとを守らない。生産現場にこうしたことが起きる大きな原因の1つに言行不一致の横行が挙げられます。言行不一致とは、例えば、「品質第一」と言いつつ、出荷が厳しくなれば作業の一部を勝手に割愛してしまう。「安全第一」と言いつつ不安全な行動を取っているのに、本人を含めて誰もそれをおかしいと思わないといった状態のことです（図2-20）。これでは、いくら壁に「品質第一」や「安全第一」の標語を貼り付けたとしても効果はありません。以下に事例を挙げましょう。

［1］言行不一致の悩ましい事例：品質

A社では、常に品質最優先をスローガンに掲げ、作業者に対して、「何か品質に異常を感じたら、直ちに作業を止めて報告をするように」と指導していました。

しかし、ある時期を境に、顧客からのクレームが徐々に増えてきました。原因を探るべく、現場に詳しい幹部がそれとなく実情を把握してみ

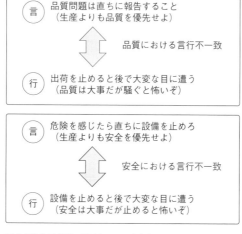

図 2-20 ●言行不一致はやってはならない
(出所：筆者)

ると、現場では品質軽視の驚くような行為が横行していました。例え
ば、目視検査がザルになっていて規格ギリギリの危ない製品が出荷され
ていたり、検査が不合格だった場合に合格するまで検査を繰り返し実施
していたり、検査室を通常より暖かくして検査が合格しやすいように調
整していたりしたのです。

　原因を追究すると、最初は出荷を維持するために「品質的に問題にな
らない（だろう）ギリギリのものを良品と判定せよ」という指示が、工
場マネージャーから下されていました。しかし、時間が経過するにつれ
て、当初の前提条件は忘れ去られてしまい、現場では「少々の規格外れ
があっても合格にすること」が常態化してしまったのです。さらには、
不適切な判断基準であるにもかかわらず、「○○ mm までは合格とする」
などといった「作者不明の作業指示」が現場に広まり、新人などはその

指示で行動するため、誰も異常とは気づけない状態になっていたのです。

［2］言行不一致の悩ましい事例：安全

　B社では、設備を扱う作業者に対して、「危険を感じたら直ちに設備を止めろ」と指導していました。それは過去に、設備のトラブルを目撃した作業者が作動中の設備につい手を出してしまい、大けがを負った苦い経験があったからです。

　しかしある時、幹部がたまたま工程を歩いていると、設備の作動中に手を入れてトラブル対応をしている作業者の姿を目撃しました。「これはまずい」と感じた幹部は、関係者を招集してその理由を聞いたところ、あ然としました。

　作業者の返事は意外なもので、設備の作動中に手を入れることが危険だというのは分かっていました。しかし、以前に嫌な思いをしたので、設備を止めようとは思わなかったというのです。

　実は以前、その工程でトラブルが発生した時、異常を見つけた作業者はすぐに非常停止ボタンを押しました。ところが、褒められるどころか、その後に厳しい叱責を受けたというのです。非常停止ボタンを押して設備を止めたことを起点に、ルールによって工場マネージャーを長とする安全委員会が開かれ、非常停止ボタンを押した作業者が、まるで犯罪者であるかのように子細に追及を受けたというのです。作業者が言うには「私は悪くないのに、つるし上げのような状態に遭いました。もうこりごりです」とのことでした。

　これらの2つの事例に共通するのは、工場マネージャーの言行不一致です。現場で「品質の確保は最優先だ」と言いつつも、納期がひっ迫するなどの理由があれば、そこをないがしろにしてもよいという誤ったメッセージを現場に示しています。現場で「危険と感じれば直ちに設備を止めろ」と言いつつも、危険を感じて設備を止めた作業者に厳しく接することで、言外に設備を止めるなと言っているのと同等のメッセージを現場に発しています。これぞまさに言行不一致です。

　品質不正が行われている現場や安全ルールが守られていない現場には、必ずと言ってよいほど、経営者や工場マネージャーの言行不一致がみられます。経営者や工場マネージャーの言う「品質第一」や「安全第一」が、作業者からは口先だけだと見透かされてしまうと、結局は、品質や安全を重視しない組織の文化が醸成されてしまいます。

　現場が「品質を取るか生産を取るか」あるいは「安全を取るか生産を取るか」といった厳しい場面に遭遇したときに、現場の作業者がどちらを選択すべきなのか、その判断基準（工場の価値観）を経営者や工場マネージャーは明確に示すことが必要です。「迷わず品質確保を選べ」あるいは「迷わず安全確保を選べ」と繰り返し伝え、結果に対しても同様の姿勢を示すことで、言行一致を実現できます。

　間違っても、求める判断基準に合致した行動をとった従業員を責めるようなことをすべきではありません。適切な判断基準を守った人に対し、「お前のせいで出荷が遅れた」とか「お前のせいで稼働率が低下した」とかいった言葉は、工場マネージャーが発すべきものではありません。決めたルールを徹底して守り抜くこと、そして、それを守った人を

無条件に褒め、守らなかった人にはいかなる理由があっても注意することが、工場の品質や安全に対する姿勢を作業者全員に知らしめることになります。

第3章

工場の競争力を世界レベルに磨き上げる

工場の競争力を世界レベルに磨き上げる

3.1　改善のベースは徹底した三現主義へのこだわり

3.1.1　工場マネージャーは三現主義を徹底せよ

　製造業において、三現主義という言葉は誰もが知っておかなければならないものです。三現主義とは、現場・現物・現実の3つを表しており、実際の現場で、現物を徹底して観察し、そして現実を正しく認識するということが、ものづくりにおける基本姿勢であるということです。これは、工場管理や品質管理、改善活動などの実務の場面においても重要な考え方です。

　筆者は、これに「直（三直）」を加えて「三直三現主義」という言葉を使っています（図3-1）。これは、直ちに現場に行くこと、直接現物を見ること、そして現実を直視することを意味しています。客観的な事実に即して行動することを説いた基本姿勢で、三現主義をベースにした考え方です。

---

①スピード感を持って取り組む姿勢
　　直ちに、「現場」に行く
　　直ちに、「現物」を見る
　　直ちに、「現実」（現象）を把握する

②客観的な事実に即して行動する姿勢
　　直ちに、「現場」に行く
　　直接、「現物」を見る
　　「現実」（現象）を直視する

図3-1 ●三直三現主義
（出所：筆者）

　この大切な三現主義を、工場マネージャーは忘れがちになることに気をつけなければなりません。工場マネージャーは、現在の課題解決はもちろん、中・長期的な工場のあり方の検討と、その実現に向けた取り組みを行うことが務めです。しかも、職位が上に行くほど厳しくこのことが求められます。そして、それ故に事務所や会議室での業務比率が増えていきます。そうこうしているうちに、本人の意思とは関係なく生産現場から遠くなってしまいがちです。また、自身が生産現場の担当者から班長、係長、課長と階層を経ているために、あえて生産現場に直接口を出さないように自制している管理者も少なくないことでしょう。こうした現実を認識し、現場から離れれば離れるほど、三現主義の姿勢が忘れがちになってしまうことに、十分に注意を払うことが必要です。

　工場マネージャーの仕事は、生産現場が判断できない事項や、経営的な視点で生産現場に指示すべき事項など、いわゆる判断業務の比率が多くなります。しかし、生産現場から離れてしまうと、生産現場の姿（事実）が見えにくくなり、その結果、誤った判断を下してしまう危険性が出てくるのです。

　筆者の苦い思い出を紹介しましょう。工場マネージャーとなり、事務所で急ぎの資料作成などしていた時に、現場のベテラン作業者から内線電話が入り、品質トラブルが発生しているとの報告を受けました。自分自身が工程の設計に深く関わり、現場のことであれば全て知っていると思っていた筆者は、そのベテラン作業者からの報告を受けて対応策を電話で指示しました。現場の状況が脳裏に浮かんできたからです。

　ところが、想像もしていなかった反応が返ってきました。普段は温厚

なそのベテラン作業者が、いつになく言葉を荒らげたのです。「何を奥の院でふんぞり返っているんだ！ すぐに現場に来てものを見てください」と。あまりの剣幕に筆者は事務所での資料作成を中断し、すぐさま現場に走っていきました。

　すると、そこには筆者が想像していたこととは全く違う現象が起こっていました。当然、電話口で筆者が指示した対応策は現実に合っておらず、使えませんでした。当時の筆者には「この工程のことは誰よりも知っている」という過信がありました。その結果、現場に行かず、現物も見ず、無自覚に現実から目をそらしてしまっていたのです。工場マネージャーとして徹底すべき三現主義を怠り、誤った判断で指示を出していたのでした。この一件を深く反省し、筆者は何かトラブルが発生するたびに、とにかく現場に走っていくことを心掛けました。

3.1.2　意外と難しい三現主義

　三現主義に対する勘違いを戒める話があります（図3-2）。あるパン工場に腕利きのパン職人がいました。パンを焼くオーブンがあり、パン職人は毎日、生地の状態やその日の天候を見ながら、細かな火力の調整を行って、おいしいパンを焼いていました。パン職人はパンの焼け具合を見ながら、足りない場合は火力を強め、少し焦げ気味であれば逆に火力を弱めるなどの微調整を行っていました。そのため、このパン工場では、経験が豊富で技量の高いベテランのパン職人だけがオーブンを上手に扱えると考えられていました。

　しかしある時、このベテランのパン職人が体調不良を理由に工場を休

図3-2 ●意外と難しい三現主義
（出所：筆者）

む事態が発生しました。それでも工場は稼働しており、パンを焼き続けなくてはならないため、そのパン工場でオーブンの操作をようやく覚えたばかりの若手職人が、その日のパン焼きに従事することになりました。その若手職人は、ベテランのような細かな火力調整ができないため、ベテランのパン職人から教わった火力の初期設定値のまま何も操作せず、その日はひたすら初期設定値の条件で焼き続けました。

　ところが、ベテランのパン職人が微調整を繰り返しながら焼いたときのパンの良品率と、若手職人が何も操作せずに初期設定値を維持したまま焼いたときのパンの良品率は、ほとんど変わらなかったというのです。

　この逸話から得られる教訓は、自分たちは三現主義で業務に取り組んでいると思い込んでいても、実際には三現主義を徹底できていないケースがあるということです。パン職人がパンの様子を見ながら細かな火力調整をしていることは、一見すると、三現主義にのっとって現場・現物で作業していたといえるかもしれません。しかし、実は現実を正確には把握できていなかったというわけです。

　生産工程における製品には、必ず特性の「ばらつき」が存在します。同じオーブンの条件で焼いたパンでも、焼け具合にはばらつきがあります。しかし、このベテランのパン職人はオーブンの火力とパンの焼け具合のばらつきを客観的なデータで把握せず、カン（勘）やコツ、経験（カン・コツ・ケイケン）を頼りに、仕上がりをチラ見しながら、焦げ気味のパンや焼きの足りないパンが発生するたびに火力を調整するという、ムダな操作を繰り返していたのです。そして、タチの悪いことに、こうした現場の経験則っぽい行動が「ベテランの腕前」であると、本人や周囲の人たちも思い込んでいました。

　このように、ものを見てさえいれば、必ずしも三現主義が徹底できているとは限らないことが分かります。現場・現物を見て、客観的に正しく評価できているかどうかが現実です。現場・現物・現実の3つがそろっていなければ、このパン工場のように好ましくない結果になってしまうため、注意が必要です。

3.1.3　管理者が陥りやすい三現主義の落とし穴

　三現主義において、経験の豊富な人ほど陥りやすい落とし穴が2つあります。まず1つ目の落とし穴は、「過去の経験」が三現主義の徹底を邪魔してしまうというものです。経験の豊富な人は、現場で何か問題が発生しても、過去の経験からさまざまな推測を行うことができます。そのため、「知っている（つもり）」や「分かっている（つもり）」になってしまい、断片的な情報を基に（不足情報を経験で補い）、現実を正しく把握することなく問題解決に走ってしまいます。先述した筆者の苦い経験

も、まさにこの過去の経験からの推測に頼ったもので、三現主義の徹底を失念した結果、誤った判断をしてしまいました。

例えば、現場から「設備のX箇所に仕掛かり品が詰まった」という報告を受けた工場マネージャーに、仕掛かり品が詰まったときの対応経験があれば、「X箇所での仕掛かり品の詰まりならば、原因はAもしくはBのはずだ」と、断片的な情報からでもすぐに問題の全容と対策を想像できます。確かに、原因が本当にAかBであれば、とても素早い対応ができることになります。しかし、もしも原因がCであれば、打つ手を間違えることになってしまいます。

2つ目の落とし穴は、「思い込み」で三現主義の徹底を邪魔してしまうというものです。これも経験豊富な人ほどよく陥りやすいといえます。多くの経験を持っているために、事実確認をしなくても問題が分かった気になります。すると、事実確認をしないでも「きっと○○に違いない」という思い込みが発生し、そのまま問題解決に走ってしまうのです。

1つ目の落とし穴は、「過去の経験」が、断片的な事実を得て、不足情報を過去の経験（それなりに根拠はある）で補完するというものです。これに対し、2つ目の落とし穴である「思い込み」は、事実確認すら十分にせずに、自身の経験則のみで動くものであるため、よりタチの悪いものといえるでしょう。この思い込みによる落とし穴は、それなりの論理性や妥当性があればまだマシですが、時には勝手な推論（空想と呼んでもよいかもしれません）になってしまうこともあります。知識と経験があるために、もっともらしい原因が頭に浮かびますが、実は全く根拠がないというものです。

第3章

　知識があり、経験も豊富な工場マネージャーこそ、これら2つの落とし穴に陥らないように十分に気をつけて行動しなければなりません。

3.1.4 残念な工場の事例と教訓

　三現主義を徹底できなかった、ある工場の事例を挙げましょう（図3-3）。この工場では、自動化された設備で容器に蓋をはめる作業を行っていました。しかし、設備の中で蓋が詰まってしまうトラブルが多発しており、その対応のために想定外の工数がかかっていました。

　この問題を解決するために、本社で改善活動を指揮していたエンジニアが現場に入って調査を開始しました。まず、エンジニアはその工程の管理者である製造課長に対して問い掛けを行いました。

図 3-3 ●設備トラブルで想定外の工数が発生
（出所：筆者）

エンジニア：「部品（蓋）が詰まるということだが、どこで詰まっているのですか」

製造課長：「いつも設備のＡ部分で詰まっています」

エンジニア：「どんなふうに詰まっているのですか」

製造課長：「現場がすぐに詰まりを直して復旧させているので、具体的には分かりません」

　Ａ部分で詰まっていると言いながら、一方で具体的には分からない、と食い違う発言があるので、さらにエンジニアは追及しました。

エンジニア：「詰まりの原因は何だと考えていますか」

製造課長：「いろいろ対策してみましたが、理由が分かれば苦労はしません」

エンジニア：「でも、現場が手直ししているということは、何か原因が分かっているのではないですか」

製造課長：「忙しいので、現場のやっていることを全て把握しているわけではありません」

　何ともかみ合わない議論の末、エンジニアからの追究に気分を害した製造課長は怒り始めました。

製造課長：「考えられることは全てやりました。この設備は難しいのです。いきなりやって来た本社のあなたに何が分かるのですか」

　その後、実際にエンジニアが現地で調べてみると、その設備で蓋が詰まる箇所は複数ありました。製造課長が証言したＡ部分で蓋が詰まることはゼロではないものの、かなり低い確率であることが分かりました。後に、Ａ部分というのは製造課長がたまたま蓋の詰まりを確認した時の

箇所であるという証言が出てきました。

　これは先に紹介した、三現主義の落とし穴の1つである「過去の経験」に陥ってしまい、現場・現物・現実の確認を怠ったというケースです。

　一方で、現場の作業者はどうだったのでしょうか。毎日の生産で蓋の詰まりに対応してはいるものの、詰まりを取り除いて設備の再稼働を優先するあまり、それらの状況を記録することも製造課長に詳細を報告することもしていませんでした。ものや設備をよく観察し、なぜ詰まったのかを考えることもなく、ただ詰まれば取り除くだけ。すなわち、現場・現物・現実にこだわる姿勢が見られなかったのです。そして、製造課長も蓋の詰まりという問題を認識していながら、現場に対して三現主義を徹底するように指導していませんでした。

　この話には後日談があります。エンジニアは蓋が詰まる状況をつぶさに観察しました。常に現場にいるわけにはいかないので、設備に小型カメラを設置するなどITツールを活用し、まずは事実の把握に努めました。事実を正しく把握すれば、後は技術の世界であり、問題解決はそれほど難しくはないからです。実際、エンジニアは三現主義に基づき、蓋がどのようなメカニズムで詰まるのかを、何度も現場でビデオを撮って「蓋が詰まる現場を見る」ことに力を入れました。そして、蓋が詰まる瞬間を記録したいくつかの動画を基に、原因を考えて対策を取ることで、それまで何をやっても減らなかった蓋の詰まり問題を大きく低減させることに成功したのです。

　現場の作業者は生産が最優先になるので、蓋が詰まっても取り除くだけという対処にとどまりがちです。褒められたことではありませんが、

出荷を維持するためにはやむを得ない対応ともいえます。また、一歩踏み込んで蓋が詰まらないように手を打つ場合でも、「とりあえず隙間を広げる」「とりあえずテープで仮止めする」といった応急処置にとどまるケースがほとんどです。実際、この工場の事例でも、現場が実施した応急処置の多くは的を射たものではなく、ムダに設備の状態を改悪しているものばかりでした。せめて管理者である製造課長が、三現主義の徹底を現場に対して丁寧に指示していれば、この問題はもう少し早く解決できたことでしょう。

3.1.5　管理者はどうやって三現主義を貫くべきか

　工場マネージャーは徹底して三現主義を貫くべきです。何か問題が発生した場合、まず問題が発生している現場に行くことです。現場に行くと、その問題の発生状況や、その問題が発生したときの周囲の環境（照明や異音、ニオイなども含む）を把握することができます。加えて、その問題が発生したときのプロセス全体を俯瞰することも可能になります。どのような問題が起きたのか、なぜ問題が起きたのかを、現場にある事実を徹底して追究し、正しく把握した上で原因分析や対策の検討を進めることが、問題解決の王道だといえるでしょう。

　続いて、現物を直接見ることです。不具合の現物や、問題を発生させた設備の場所など、とにかく現物を徹底して観察することが重要です。現物を確認することで、写真では分からない傷の具合や色合い、ニオイなど、さまざまな情報が浮かび上がってきます。これらの情報は問題解決のために極めて重要なものです。だからこそ、徹底して現物を調べる

ことが必要なのです。

　そして、現実を直視することです。現実に起こっている事実（現象）を正しく把握し、事実（現象）やデータと整合が取れないような考えや思い込みを排除するように心掛けることが大切です。自分の考えていることと、現場で得られた事実（現象）やデータとの間に論理的な違いがある場合、自分の考えが正しくて現場のデータが間違っていると判断する人がいますが、そう断定するのは早計です。まずは、客観的なデータが正しいという前提に立ち、自分の判断に何か間違いはないかと振り返る必要があります。それが現実を直視するということです。

　もちろん、現場で得られたデータが間違っていることもありますが、まずはデータを疑うよりも自分の考えを疑うべきであるというのが、ここでの観点です。現場で得られた事実（現象）とデータとがどう考えても整合しないという状態まで煮詰まったところで、ようやくデータに対する疑問を持つことを勧めます。これは、現実を正しく直視せずに、思い込みによって視野を狭めてしまうことがないようにするための防波堤にもなる考えです。

　昨今、生産拠点が遠隔地や海外に広がっている上に、オンラインの業務が増えている状況を踏まえると、工場マネージャーがすぐに現場に行くことが難しい場合もあります。生産の状況次第では、問題が発生したとしても直接現物を確認することが難しい場合もあります。品質トラブルが発生しても、すぐに修理・修正で良品化して出荷につなげなくてはならないケースもあり、その場合は現物を保管しておくことが難しいでしょう。また、設備トラブルが発生しても、すぐに応急処置を施して生

産を再開させなければならないケースもあります。

　こうした制約がある中で、工場マネージャーはどのようにすれば三現主義を徹底できるでしょうか。2つの注意点を挙げてみます。

[1] 間接的にでも三現主義を考える

　「直ちに現場には行けない」とか「直接現物を見られない」といった状態であっても、何らかの代替手段で、間接的にでも三現主義を徹底するという考え方です。例えば、トラブルの発生した現場の様子を写真に撮っておくとか、現場の客観的情報やデータ（設備であれば計器類の表示値の記録や実測データ、環境温度、使用した治具の番号など）を記録しておくとかいったことです。

　実は、この視点は極めて重要です。「何を記録しておくと、後々の原因調査に役立つか」を把握することは、その工場の持つ貴重な技術資産（形式知）になります。現場の客観的な情報をより多く、より正確に、より適切に記録できる工場は、技術的な見地から問題に対峙できるようになる可能性が高まります。作業者の「カン・コツ・ケイケン」による暗黙知（ノウハウ）に頼らずに済むからです。

　つまり、間接的な三現主義を徹底することは、どのような情報を記録しておくとよいのか、工場の形式知を増やす取り組みでもあるのです。

　同様のことは、現物に対してもいえます。現物を確認するためには、その現物を保全するのが一番です。しかし、物にしても設備にしても、現物を保全することが難しければ何らかの代替手段を考えなければなりません。例えば、写真を撮る、ビデオを撮るといったこと以外にも、現

物の観察記録を残しておくといったことが考えられます。直接的に現物を確認できなくても、こうした間接的な情報があるだけで、問題解決をより正しく行うことができます。

[2] 部下に対して三現主義の重要性を発信し続ける

工場マネージャーとしての立場上、自ら直接現場に出向いたり、直接現物を確認したりすることが難しい場合もあります。そうした状況でも、部下や関係者に対して三現主義の大切さを訴え続ければ、三現主義を徹底することが可能です。部下や関係者に、日ごろから「すぐに現場に行け」「徹底して現物を確認せよ」と口を酸っぱくして言い続け、三現主義を徹底する姿勢が重要であると発信し続けましょう。

何か問題が発生し、それを報告してきた部下に対して、「あなたは現場に行きましたか（耳情報だけで動いていないか）」とか「あなたは現物を確認しましたか（誰かの話を鵜呑みにしていないか）」とかといったことを、常に問い掛けることがポイントになります（図3-4）。

「現物を確認したのか」と問い掛けて「確認しました」という返答があっても、実は確認したのは別の人間で、いわゆる伝言ゲームになっているケースは珍しくありません。ひどい場合には、「誰が確認したかははっきりしないが、誰かが確認したという話は聞いている」ということすらあります。だからこそ、「あなたは確認したのか」と問い掛けることが重要になるのです。

報告してきた部下（係長）が主任から報告を受け、その主任は現場から報告を受けている、というケースもあります。こうした場合でも係長

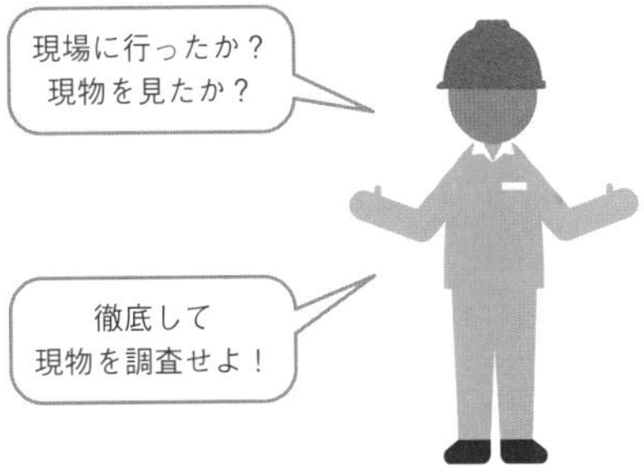
現場に行ったか？
現物を見たか？
徹底して
現物を調査せよ！
出所不明な情報は認めない姿勢が大事

図 3-4 ●工場マネージャーが率先して三現主義を徹底する
（出所：筆者）

は三現主義を意識して、「現場の○○さんと○○主任が現物を確認し、○○になっていることが分かっています」といった明確な形で報告するレベルを目指してください。

「あの工場長は、いつも現場に行け、現物を見ろと言う」と部下から言われるようになれば、工場マネージャーとして一歩前進です。現場の誰もが、何か問題が起きたときにすぐに現場に走って行き、徹底して現物を確認するという工場の風土をつくり上げることこそが、問題解決に強い現場になる手段だと考えてください。

3.2　生産性改善はムダ・ロスの徹底削減から

3.2.1　生産性とは何か

生産性改善の議論をする前に、そもそも生産性とはどういうものなのかを明確にしておきましょう。生産性の定義は極めてシンプルで、分母にインプット（投入）を、分子にアウトプット（産出）を当てはめて計

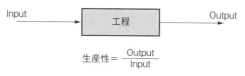

$$生産性 = \frac{Output}{Input}$$

最大の生産性とは、
　最小の投入（Input）で、
　最大の出来高（Output）を得ること

図3-5 ●生産性の定義
（出所：筆者）

算される「比率」のことです（図3-5）。

　生産活動で見ると、インプットは、使用した原材料や、生産や作業にかけたコストや工数、時間などが代表的なものです。生産に対してどれくらいの負荷をかけたかを意味しています。一方、アウトプットは、製品の出来高や提供されたサービスの量など何らかの成果であり、生産現場にインプットされた負荷によって産出された成果を意味しています。

　欧州生産性本部は「生産性とは、生産諸要素の有効利用の度合いである」と定義しています。また、日本生産性本部は、この欧州生産性本部の定義を踏まえて、「生産性とはこのような生産要素を投入することによって得られる産出物（製品・サービスなどの生産物／産出）との相対的な割合」と定義しています。つまり、生産性とは生産の効率を示すものであり、少ないインプットで大きなアウトプットを得ると、効率が良い生産をしている（生産性が高い）ということになります。

　このように極めてシンプルな定義なので、生産性を議論する場合は自由に計算の分母と分子を設定することができます。そのため、工場や職場ごとに、何の効率を管理したいのか、生産性の数字を何に使いたいのかといった目的に応じて、適宜使い分けることが一般的です。

　例えば、A 工場では「作業者の延べ作業時間（単位は時間）に対し、その日の売上金額（単位は円）」を生産性と考えています。そのため、80 時間の作業時間で 1000 万円の売り上げがあった場合の生産性は「12.5 万円/時」と表しています。これは作業者の労働 1 時間当たり 12.5 万円の売り上げを実現していると言い換えることができます。

　B 工場では「投入した材料の量（単位は kg）に対し、出来た製品の個数（単位は個）を生産性と考えています。そのため、100kg の材料を使って 1000 個の製品を生産した場合の生産性は「10 個/kg」と表しています。これは材料 1kg 当たり 10 個の製品を造ることができていると言い換えることができます。

　このように、生産性と一口に言っても内容はさまざまで、その工場における生産性の定義や単位をよく確認しなければ、互いの話がかみ合わないことがあります。また、同じ工場でも、X 職場では段取り時間と生産時間の合計をインプットとしているのに対し、Y 職場では生産時間のみをインプットとしているといった具合に、職場や部門ごとに定義が異なることがあります。そのため、単純に職場ごとの生産性を比較することができない場合もあります。

　このように、生産性とは使う人や工場、組織によって随分違う内容になることがあるので、分母と分子に何を使った指標なのかを必ず確認しなければなりません。

　なお、生産性は汎用性のある指標で、ものを生産する製造部門だけではなく、間接部門などの効率を示す場合にも使われます。例えば、経理部門での生産性として、時間当たりの伝票の処理枚数を設定することが

できます。2時間で処理される伝票の枚数が10枚であれば、生産性は
「5枚/時」と表せます。また、営業部門の生産性として、顧客訪問の回
数当たりの成約件数を考えると、10回の顧客訪問で1件の成約があれ
ば、生産性は「0.1件/回」と表すことができます。

　いずれにせよ、生産性が業務の効率を示すことになり、企業において
は多くの部門で同様の考えが活用されています。

3.2.2　生産性改善の考え方

　生産性とはインプット（投入）をアウトプット（産出）で割った比率
で示されます。生産性の定義を基に生産性の改善を考えると、その手段
は大きく3つあります（図3-6）。

　1つ目の手段は、同じインプットに対し、より大きなアウトプットを
得る取り組みです。例えば、不良率を減らしたり、収率を向上させたり
して、同じ原材料の投入に対して出来高を増やすような改善活動がこれ
に相当します。

　100kgの原材料から98個の製品を造っていたところを、収率の改善に

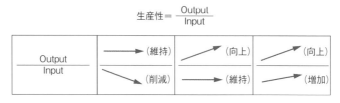

$$生産性 = \frac{Output}{Input}$$

生産性が最大になるように、
投入量、処理時間、処理ロス、出来高をコントロールする

図3-6 ●生産性を高める方法
（出所：筆者）

よって、同じ100kgの原材料から100個の製品を造れるようになると、改善前の生産性が0.98個/kgであるのに対し、改善後の生産性は1.00個/kgに向上します。分母となるインプットは同じですが、分子となるアウトプットが大きくなれば、生産性の値は大きくなります。

2つ目の手段は、同じアウトプットを得るために、より少ないインプットにするような取り組みです。例えば、作業方法の改善を行い、従来は3人で実施していた作業を2人で実施できるようにする改善活動がこれに相当します。

3人の作業者が1日に100個の製品を造っていたところを、作業方法の改善によって、2人の作業者で1日に100個の製品を造れるようになると、改善前の生産性が33.3個/人であるのに対し、改善後の生産性は50.0個/人に向上します。1つ目の手段の逆で、分子となるアウトプットは変わらなくても、分母となるインプットが小さくなれば、生産性の値は大きくなります。

3つ目の手段は、インプットを少し増やしつつ、それ以上に大きくアウトプットを増やす取り組みです。例えば、従来は2人で作業をしてしたところを、3人で実施すると、より効率的な動きができるために生産量が飛躍的に向上するといった改善活動がこれに相当します。

2人の作業者が1日に100個の製品を造っていたところを、作業方法の抜本的な見直しによって、3人の作業者で1日に180個の製品を造れるようになると、改善前の生産性が50個/人であるのに対し、改善後の生産性は60個/人に向上します。生産性は分母と分子の比率なので、分母の増加分よりも分子の増加分の方が大きければ、生産性の値は大きく

第3章

なります。

　厳密には、アウトプットが少し減らし、それ以上にインプットを大きく減らすような取り組みでも生産性の値は大きくなります。ただし、現実には、生産量を減らす取り組みはあまり行われないため、ここでは説明を割愛します。

3.2.3　ムダ・ロス削減こそ最初に行うべき生産性改善

　生産性の改善には、インプットを減らすか、アウトプットを増やすかの視点が基本になります。どちらも生産性を改善することにつながりますが、まず考えてほしいのは、インプットを減らすことです。アウトプットは同じでも、インプットが少なければ少ないほど、生産性は高くなり、効率の良い工場になります。そこで重要なのがムダ・ロス削減の考え方です。

　求められる生産量が一定であれば、ムダ・ロス削減によって投入する資源を少なくする取り組みは、コストダウンのための有力な手段となります。また、生産量の増加を求められている場合でも、既存の工程にあるムダ・ロスを徹底して削減した後に、生産量を増やすような改善を行うことが望ましい取り組みです。そもそも、生産現場には、数多くのムダ・ロスが潜んでいるものです。これらを放置したまま生産量を増やすための改善活動を行っても、十分な効果は得られません。

　ムダ・ロスをシンプルに定義すると、付加価値を生まない作業や動作のことです。付加価値を生む作業や動作は、企業にとって儲け（金を増やすこと）に寄与しますが、付加価値を生まない作業や動作は、全てム

その作業に顧客は金を支払ってくれるか？

（例）
・材料を加工する場所まで運んだ→人件費は？
・空の部品箱を折りたたんで回収した→人件費は？
・機械加工の間、作業者がただ待っていた→人件費は？
・在庫が多いので保管倉庫を借りた→この倉庫代は？
・仕掛かり品を取り置きする工数がかかっている→この人件費は？
・工具を取るのに距離があり時間がかかる→この費用は？

自社の仕事の悪さを顧客に請求はできない
これらは「付加価値」を生まないもの

図 3-7 ● 付加価値を生まない作業や動作
（出所：筆者）

ダ・ロスと考えます。なお、ムダを付加価値のない作業や動作、ロスを本来ならば生じる必要のなかった作業や動作など、両者を厳密に分けて考える見方もありますが、本書では厳密さは追求せず、便宜上、ムダ・ロスをまとめて考えています。

　付加価値を生まない作業や動作とは、それらの費用を顧客に請求したときに、正当な請求とは認めてもらえない類いのものをいいます（図3-7）。逆に、付加価値を生む作業や動作とは、その作業や動作にかかった費用を正当に顧客に請求することができ、顧客もその対価を支払うべきだと認識するものをいいます。

　付加価値を生む作業や動作とは、端的にいうと「加工」のことです。組み立てや切断、曲げ、穴開け、塗装などが挙げられます。加工とは、ものの形や特性を変えるもので、加工の作業を行うことで、ものの価値が向上します。100円で仕入れた材料を加工して120円で販売できれば、加工という作業を経て20円の付加価値が生まれたことになります。適

切に施されたな加工は、全て加工賃として顧客に費用を請求すべきものであり、顧客もまた妥当な請求に対しては支払うべき金額です。ただし、請求する金額の妥当性の議論や、交渉の結果としての取引金額はまた別の話であることに注意してください。

　反対に、付加価値を生まない作業や動作とは何でしょうか。例えば、工場において、ある設備から別の設備に仕掛かり品を移動させたとします。設備の配置状況や工場のレイアウトにかかわらず、工場では必ずと言ってよいほど発生する動作です。当然コストもかかります。しかし、設備から設備に仕掛かり品を運ぶのにコストが発生するからといって、工程内輸送費用などと称して顧客に費用を請求したところで、恐らくそれを認める顧客はいないと思います。100 円で仕入れた材料を工場内で右から左へ動かしても、顧客に 100 円以上で販売することはできません。つまり、実施しても、仕入れた材料以上の価格をもたらさないものが、付加価値を生まない作業や動作です。

3.2.4　ムダ・ロスとは何か

　付加価値を生まない作業や動作をムダ・ロスであると定義しました。それでは、付加価値を生まない作業とはどういうものなのか、もう少し深掘りして考えてみましょう（図 3-8）。

　工程は大きく（1）加工、（2）運搬、（3）検査、（4）停滞の 4 つに区分されます。先述の通り、（1）の加工は、その作業によってものの価値が高まり、企業が金を生み出すことができる（顧客からプラスの金を得られる）ものなので、付加価値を生む作業です。しかし、（2）の運搬と

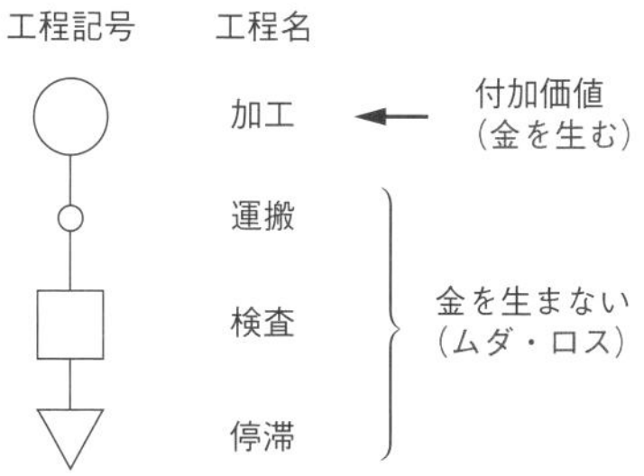

工程記号　　工程名

加工　←　付加価値
　　　　　（金を生む）

運搬

検査　　金を生まない
　　　　（ムダ・ロス）

停滞

図 3-8 ●ムダ・ロスとは
（出所：筆者）

（3）の検査、そして（4）の停滞は、ものの価値を高めることにはつながらず、金を生み出すものではないので、付加価値を生まない作業、すなわちムダ・ロスとなります。

　（2）の運搬は、なぜ付加価値を生まないと考えるのでしょうか。例えば、運送業のように、ものを運ぶことによって顧客から対価をもらっている場合は、価値を生み出しているといえます。しかし、運送業以外の企業では、工場の中で、ものを右から左に動かしても、それで物の価値が高まることはありません。A 工場から B 工場に単にものを運ぶだけで、ものの性能が良くなったり、ものの外観が美しくなったりすることはないからです。

　確かに、生産する上でものを運搬する必要があっても、それはあくまでもその企業内部の都合によるものです。顧客からすると、ものの価値が高まっていないため、当然ながらその費用を支払う妥当性はありません。一方で、工場内の運搬には、フォークリフトなどの費用や物流に携わる人たちの人件費など、多くのコストがかかります。顧客から対価はもらえないのに、自工場ではコストが発生するのです。従って、運搬は

ムダ・ロスと考えます。

(3) の検査は、なぜ付加価値を生まないと考えるのでしょうか。確か
に、検査をしないと市場価値が生まれないものもあります。例えば、法
令で検査が義務付けられている場合は、検査をしなければ、そもそも製
品として成立しません。また、顧客からの要望で対価を得て検査を実施
する場合なども、検査を付加価値として考えることができます。

しかし、工場の中で行われる検査工程（や検査作業）を考えると、検
査の前後で、ものの価値が変わるわけではありません。検査する前は
「たぶん良品」であるもの、あるいは「もしかすると一定の比率で不良
が混じっている可能性があるもの」が、検査を実施することで「確実な
良品」もしくは「確実な不良品」であることが明確になるだけです。

本来は、検査をしなくても「確実な良品」が造れる生産プロセスを考
え、そのようなプロセスを実行することで、検査そのものが不要な工程
を目指すことが、ものづくりのあるべき姿の追求ではないでしょうか。
こうした視点で考えると、検査は付加価値を生まない作業、すなわちム
ダ・ロスと断じるべきなのです。

(4) の停滞は、なぜ付加価値を生まないと考えるのでしょうか。これ
はとても単純な話です。製品を倉庫に置いておくと製品の価値が上が
り、より高い価格で売れるようになるかといえば、決してそうではあり
ません。原材料や中間仕掛かり品を工程のどこかに置いておくと、より
性能が高まったり品質が良くなったりし、ものの価値が上がるでしょう
か。そんなことは起こりません。確かに、一定の期間、一定の環境下に
置くことによって製品の特性が向上したり安定したりするエイジング工

程など、置いておくことで価値が上がるプロセスもあります。しかし、あくまでも例外です。

　一方、倉庫や工程にものを置くと、保管に関わる倉庫代や光熱費が発生します。加えて、ものの荷役に関わるフォークリフトなどの運搬具を維持・運用する費用や、物流に関わる人件費など、さまざまな管理コストが発生します。そして、ものを保管しておくと、時間の経過とともに品質が劣化していきます。数日の保管でもホコリや汚れが付着するのです。保管の期間が数週間や数カ月になると、油が酸化したり樹脂が硬化したりして、致命的な劣化が生じることもあります。さらに言えば、倉庫や工場の中に保管しているもの（今すぐには使わない余計なものが置かれている）があると、作業者の動線や物流動線の障害となり、生産を邪魔することにもなります。良いことなど1つもないのです。従って、停滞はムダ・ロスと考えるのです。

3.2.5　ムダ・ロスの深掘り「9つのムダ」

　トヨタ生産方式では、ムダを徹底排除することが基本になっています。トヨタ生産方式の生みの親とも育ての親とも言われる大野耐一氏の名著『トヨタ生産方式　脱規模の経営をめざして』（ダイヤモンド社）では、「ほんとうに必要なものだけを仕事と考え、それ以外をムダと考えるならば、次の関係式が成り立つ。現状の能力＝仕事＋ムダ」と述べられています。ムダをなくすことで、本当に必要な仕事だけを行い、生産能力を最大にするという考え方です。これは、本書の中で繰り返し述べてきた、ムダ・ロスの定義である「付加価値を生まない作業や動作」、

およびムダ・ロス削減の議論と、全く同じことを意味しています。

　そして、トヨタ生産方式では、ムダをなくすためには、まずムダとは何かを認識する必要があると述べ、ムダには「7つのムダ」があると表現しています。

　7つのムダ

[1] つくりすぎのムダ

[2] 手待ちのムダ

[3] 運搬のムダ

[4] 加工そのもののムダ

[5] 在庫のムダ

[6] 動作のムダ

[7] 不良をつくるムダ

　本書では、これら7つのムダに、「非稼働のムダ」と「検査のムダ」の2つを加えた9つのムダを解説します（図3-9）。

```
1. つくりすぎのムダ
2. 手待ちのムダ
3. 非稼動のムダ
4. 動作のムダ（価値を生まない動作）
5. 運搬のムダ
6. 加工のムダ（不要な加工）
7. 停滞のムダ（工程仕掛かり、在庫）
8. 不良をつくるムダ（手直しのムダ）
9. 検査のムダ
```

図3-9 ●9つのムダ
（出所：筆者）

[1]　つくりすぎのムダ

　つくりすぎのムダは、最も恐ろしいムダと考えられています。つくり
すぎのムダとは、本来ならば生産する必要がないものを生産してしまう
「つくりすぎ」や、本来ならば購入する必要のないものを購入してしま
う「かいすぎ」、本来ならばやる必要のなかった業務をやってしまう
「やりすぎ」などを指すものです。

　例えば、「生産計画では今日は1000個の生産だ。しかし、どうせ来週
も同じ品番を生産するのだから、段取りの回数を減らすためにも、今日
のうちに来週の生産分も合わせて2000個を生産しよう」、「今月の材料
の必要量は1トン（t）だが、2t買うと1t当たりの材料単価が安くなる。
どうせ来月も同じ品番を生産する予定なのだから、せっかくだから2t
購入しよう」といったものが、つくりすぎのムダです。いずれも、それ
なりに合理的な理由があるのに、なぜこれを最も恐ろしいムダと表現す
るのでしょうか。

　その理由はいくつもありますが、主なものを紹介しましょう。

【理由1】生産能力を浪費してしまう

　工場の生産能力は有限であり、生産設備の能力や作業者の作業能力に
は上限があるということです。これは、根性や馬力ではどうにもならな
い制約条件です。

　例えば、段取り時間が10分で、1個の生産に10秒かかるとすると、
生産1000個の生産には約177分（約3時間）かかります。これが2000
個の生産では約344分（約5時間40分）かかります。その差は約167分

（約2時間47分）。昨今、多くの工場が多品種生産を行っています。そうした中で、それぞれの製品の納期を最短でこなそうとするなら、本来であれば製品Aを必要数の1000個だけ約3時間かけて生産すると、すぐに製品Bの生産に取り掛かるべきです。すると、例えば製品Aと製品Bは、共に当日出荷が可能になります。

　ところが、製品Aを2000個生産すると約5時間40分かかるため、生産計画次第では製品Bの生産は翌日になってしまいます。つまり、製品Bの納期は、本来欲しい数量以上の製品Aの生産を行ったために、納期が1日後ろにずれてしまうのです。

　つくりすぎのムダは、有限である工場の生産能力をムダに浪費します。多品種生産の場合は、生産のリードタイムをいたずらに伸ばしてしまいます。これは間接業務でも同じで、一般に、1人の従業員は複数の業務を抱えているものです。そのため、日々こなさなければならない業務の中で、今日はまだやらなくてもよい不要な業務を行うと、その分だけ時間が浪費され、本来やるべき業務が遅延してしまうことになります。

【理由2】在庫が積み上がる

　本来ならば生産する必要がないものを生産してしまうと、当然ながら在庫が積み上がってしまいます。上記の事例でいうと、当月の出荷が1000個であるのに、翌月以降に出荷する予定の1000個を合わせて2000個の生産を行ったとすると、当月の出荷が終わった時点で、1000個の在庫が残ることになります。

　こうした在庫は、顧客の引き取り責任が明確になっているなど、翌月

に確実な出荷が約束されているならば、まだ害は小さいといえます。しかし、翌月以降の出荷が「見込み」にすぎないのであれば、大きなリスクを抱えることになります。

　よくある話として、顧客の要望数量が大きく減少してしまい、生産したものが売れ残ってしまうことがあります。急に顧客から仕様変更の要求があり、せっかく生産したものが全数出荷できなくなったり、全数に修正作業が必要になったりすることもあります。生産した製品は、出荷につながらなければ、材料費や加工費など全ての費用は出し損になってしまい、企業の利益を食いつぶすことになります。出荷に至ったとしても、修正などが発生すれば二度手間の工程が生じるので、やはり企業の利益を食いつぶすことになります。

　本来ならば購入する必要のないものを購入してしまうことも全く同じで、使われなかった材料在庫の末路は、品質劣化による歩留りの悪化か廃棄かが定番です。

　在庫というものは、常に企業の利益を食いつぶすリスクを背負いながら存在していることを忘れてはなりません。実際、多くの企業ではこうした損失金額が利益額に対して無視できない金額になっています。工場が一生懸命に原価改善を行う一方で、売れずに長期滞留化した在庫の廃棄損を出しているというのは、矛盾しています。

【理由3】企業の金（キャッシュ）を食いつぶす

　在庫は、すべからく企業が金（キャッシュ）を払って得たものです。材料在庫であれば、材料メーカーに金を払って購入したものです。仕掛

かり在庫や製品在庫は、金を払って買った材料に、さらに自社での加工
費用をかけて出来上がったものです。それらは顧客に販売し、顧客にそ
の代金を支払ってもらって、初めて企業に金が入ってきます。しかし、
在庫のままであれば、企業から金が出ていったままです。そのため、在
庫は企業の金を食いつぶすものと捉えるべきなのです。

　もちろん、在庫がないと販売はできません。特に、即納や短納期が要
求される業界や製品は、在庫の有無が営業的にも極めて重要な位置づけ
にあることは間違いありません。そのため、在庫は価値があるものと考
えられることがありますが、それは「顧客に販売して代金を支払っても
らう」ことが前提にあるからです。在庫をただ持っているだけでは何の
価値にもなりません。

　さらに、在庫は持っているだけで金がかかるものでもあります。材料
や製品を保管するためには倉庫が必要であり、倉庫の維持・管理には光
熱費がかかります。在庫を持ち運びするために、物流の費用や荷役に関
わる人件費も必要です。加えて、在庫を管理するための管理工数もかか
ります。結局、必要以上に購入した材料や生産した製品などは、販売さ
れない限り、ただ企業の金を食いつぶすだけの存在であることを強く意
識すべきです。

【理由4】在庫がその他のムダを生み出してしまう

　在庫が工場や倉庫にあると、それを動かしたり探したりするための工
数がかかります。場所が狭ければ、在庫を積み上げたり積み下ろしたり
する作業も発生します。それらの在庫が存在することで、工場全体の物

流動線や人の作業動線が長くなり、生産がやりにくい工場になってしまいます。また、在庫によって工場内のスペースがとられてしまうため、必要なものを最適な場所に置くといった生産性の向上策もやりにくくなってしまいます。

さらに、仕掛かり在庫や製品在庫であれば、それらを生産するために材料を先食いしてしまうことになります。すると、先食いされた材料を補充するために、ムダな補充（追加の発注）が発生してしまいます。こうしたことにかかる金のために、企業全体では金利の負担も増加します。

これらは全て、全く付加価値を生み出しません。つくりすぎのムダは、その他のさまざまなムダを生み出してしまうのです。ところが、やっかいなことに、工場にさまざまなムダが発生するにもかかわらず、つくりすぎのムダは、生産現場で生産活動が続くため、あたかも「働いている」かのように全員が錯覚してしまいます。そのため、タチの悪いムダとも言われています。

つくりすぎのムダをなくす方策はただ1つ。今、本当に生産しなければならないものだけを生産することに尽きます。これには、今、本当に調達しなければならない材料だけを買うことも含まれます。これは理想ですが、企業経営の面からは可能な限り必要なものだけを生産する、可能な限り必要なものだけを買うといった取り組みが求められます。

例えば、調達であれば、需要予測の精度を上げ、材料メーカー（サプライヤー）との交渉を通じて、可能な限り、必要な量を、必要なタイミングで購入する取り組みを進めます。生産であれば、顧客からの出荷要

請を確実に満たしつつ、工程間のラインバランスの是正や、工程で発生するさまざまなトラブルの対策など、いかに計画通りに生産できるかを追求します。また、販売であれば、顧客の使用状況の把握などの情報交換を密にしながら、いかに確度の高い需要情報を獲得し、それらを生産や調達に展開するかを追求します。

　つまり、つくりすぎのムダをなくすためには、調達や生産、販売など、関係する全ての部門が協調し合いながら、その仕事の質の向上に取り組むことが必要なのです。

　第2章で「在庫は仕事の質のバロメーター」と述べましたが、つくりすぎのムダ（つくりすぎ、買いすぎなど）は、販売に至らなければ在庫になってしまいます。この観点でも、つくりすぎのムダの多寡は、その工場の力量を示すものといえます。

　現実には、生産能力に対して需要が大きい場合には、出荷を確保するために、本来の生産のタイミングよりも早く生産を開始して、在庫を積み上げておくことが必要なケースもあります。繁閑の差が激しい場合には、生産の平準化を狙って、計画的に早く生産を開始するケースもあります。また、調達の場合は、材料メーカーとの交渉（納期や価格、最低発注量など）の結果により、直近で必要な数量以上を購入せざるを得ないケースもあります。

　しかし、つくりすぎのムダがある現状を「仕方がない」と肯定し続けることは、工場マネージャーとしては避けるべきです。あくまでも当面の出荷を維持するために苦肉の策として許容するものであり、工場としては改善すべき課題であることを明確にしておきましょう。

[2]　手待ちのムダ

　手待ちとは、人が付加価値を生み出す作業をせずに、ただ待っている状態をいいます。例えば、前工程から物が来るまで待っている、設備の加工が終わるまで設備の前で待っている、といったものが手待ちのムダです。待っているだけでは付加価値は生まれないので、本来なら待っている間に他の作業や価値のある行動すべきですが、そういったことをしない状態は、ムダだと考えます。

　例えば、設備が稼働している間、その設備の状態を確認しながら、何らかの操作をする必要があれば必要な作業だといえるでしょう。しかし、設備が加工を終えるまで眺めているだけなら、そこに作業者の価値は生まれません。作業者がいてもいなくても、その設備で加工されたものの価値は変わらないからです。

　設備を眺めることを「監視」と呼ぶ場合があります。そうすることで加工の品質が向上したりトラブルが減少したりするのであれば、監視行為にも価値を見出すことは可能です。しかし、そうした効果が得られないのであれば、監視行為は手待ちのムダであると冷静に考えるべきです。

　確かに、何か異常が発生すれば、すぐに対応が必要です。しかし、「何かあるとき」のために、設備の前に作業者が常に立って状況を眺めている必要があるかどうかを考えてください。通常、設備には信号灯（光で異常を知らせる）やアラーム（音で異常を知らせる）機能が付いているので、何か異常があれば、すぐに周囲の作業者に知らせることができます。もし、作業者が常に監視をしなければならないような設備があるなら、速やかに改善の対象にして、作業者の常時監視が不要になるように

することが本筋といえます。

　手待ちのムダをなくためのポイントは、大きく2つあります。

　1つは、生産計画を適切に立案し、工程を生産計画通りに動かす取り組みを追求することです。生産計画が工場内で明示されていれば、それぞれの作業者はその計画に従って動くことができます。そのため、想定外に手が空いてしまうというムダ（手待ちのムダ）をなくすことができます。

　もう1つは、作業者の動作を分析し、付加価値を生まずにただ手が止まっている実態を定量的に把握することです。先述の通り、作業者は何かを持って動いていたり何かをしていたりする場合、一見すると「働いている」と思えてしまいます。作業者にしても、手が空いたからただぼーっと突っ立っているというのでは具合が悪いと感じるのでしょう。特に付加価値を生まない作業や、しなくてもよい作業など何らかの作業を行って、できる限り自分が手待ちの状態にあることを周囲に知られないようにしてしまうものです。作業の様子をビデオで撮るなど作業を客観的に観察し、どの作業者に、いつ、どの程度の手待ちが発生しているかを正しく把握することが、改善の第一歩になります。

　手待ちのムダが存在していることが分かれば、そこから先は、通常の改善活動と変わりません。例えば、作業の分担を変えて、手待ちになっている人をより有効に活用する、作業能力の落ちている工程に手待ちになっている人を応援に回すなど、さまざまな生産性向上策を適用すればよいでしょう。

　手待ちのムダは、見えやすいムダといわれています。作業者が働いて

いるか働いていないかが、見ればすぐ分かるからです。これに対し、先のつくりすぎのムダは、見えにくいムダと言われています。生産活動を懸命にやっているように見えるため、よくよく観察しないと働いているように見えてしまうからです。この特徴を生かし、見えにくいつくりすぎのムダをなくすために、「必要な作業を完了すれば、作業の手を止めろ」という改善手法があります。

　例えば、工程間のバランスロス（工程能力のばらつき）があると、工程能力が高い工程では作業が早く完了してしまうため、（作業者は良かれと思い）つい余分な作業までしてしまうことがあります。これが、まさにつくりすぎのムダです。このつくりすぎのムダをなくすために、必要な作業を終えれば、そこで作業の手を止めるようにします。すると、人の手が止まるため、今度は手待ちのムダが発生します。しかし、それは「私は作業を完了しました」という意味であり、周囲にいる管理者・監督者は「この工程の前後でバランスロスが発生しているので改善が必要だ」と、すぐに気付くことができます。ここから改善活動へと進みます。この手法を活用すると、ライン作業などでは、細かな作業分析を行わなくてもどこにバランスロスが発生するかを容易に把握することができます。

[3]　非稼働のムダ

　手待ちのムダが人が何もしていない状態であるのに対し、非稼働のムダは、設備が何もしていない状態（設備が生産していない状態）を指します。

　設備は、本来なら休むことなく加工して付加価値を生み出し続けることが求められます。経営的に見ると、費用をかけて購入した設備は、工場内に存在しているだけで全く動いていなくても、償却費が発生します。1分いくら、1時間いくらという形で、設備は存在しているだけで費用がかかるものなのです。従って、工場では設備を休ませずに生産活動に活用するように追求しなくてはなりません。

　非稼動のムダには、いくつか種類があります。受注がないために設備が止まっている状態[*1]や、品質トラブルや設備トラブルなどによって設備が止まっている状態、加工すべき材料や仕掛かり品がないために設備が止まっている状態、機種の切り替え（品種の切り替え）、すなわち段取りによって設備が止まっている状態などがあります。

*1　受注がないために設備が止まっている状態は、一概には工場の問題とは言い難い面がある。工場が営業活動に関与している場合は別として、営業活動の結果として、設備能力未満の受注しか獲得できないのであれば、設備は止めざるを得ない。ここで設備を無理に稼働させることは「つくりすぎのムダ」、すなわち、販売に直結しない危険性のある在庫の発生につながるので悪手と考えるべきである。

　非稼働のムダをなくすためには、大きく2つの取り組みが考えられます。

　1つは、設備を止める直接的な要因である品質トラブルや設備トラブルを対策することです。まず、その設備が停止している状況、もしくは、停止せざるを得ない状況になったときに、どのような問題が発生しているかを客観的に把握する必要があります。

　工場では設備が停止する要因を正確につかみきれていないことが少なからずあります。特に、数分で対処が完了してしまう一時的な設備トラ

ブルであるチョコ停は、その全容すら把握していない工場が珍しくありません。チョコ停とは「搬送系にものが詰まったので、それを取り払って、すぐに設備を再稼働させる」といった具合に、数十秒〜数分程度で設備が復旧してしまうような“ちょこっと”した設備の停止トラブルのことです。

　工場が長時間にわたって停止する重大な設備トラブルであるドカ停であれば、多くの人がその状況を認識できます。しかし、10分や20分、あるいは数分だけ設備が止まる短時間のチョコ停は、その場ですぐに対応してしまいます。そのため、チョコ停を含めたトラブルの全容を、工場マネージャーが正確に把握できていないことがあるのです。トラブルの内容を正しく把握すると、そこから先は技術の問題です。技術的に品質トラブルや設備トラブルを解決すれば、当然ながら非稼動のムダは少なくなります。

　もう1つは、段取り替えの時間短縮です。段取り替えは、特に多品種生産を行っている工場で頻繁に発生します。しかし、段取り替えそのものは、付加価値を生み出す生産活動ではなく、その時間は設備が止まっています。そのため、段取り時間を短くする取り組みが重要なのです。

　まずは、段取り替えの時間や、どのような動作で段取り替えをしているかという事実をつぶさに観察することからスタートすることを勧めます。実は、段取り替えの実態を正確に把握している工場は多くありません。そうした工場は目先の改善に走るよりも、まずは段取り替えの実態調査を行い、何が問題点なのかを洗い出した上で改善に着手すべきです。

　段取り替えの短縮に関する技術的な取り組みの説明は他に譲ります

が、キーワードを挙げておきます。それは内段取りと外段取りの概念です。内段取りとは、前の機種の生産が終わり、設備が止まってから始める段取りのことです。これに対し、外段取りとは、前の機種の生産が続いている間に、あらかじめ実施（並行して実施）する段取りのことです。

　例えば、設備の金型交換は、前の製品の生産が終了して設備が止まらなければ実施できません。従って、金型交換のような段取り作業は、内段取りといえます。一方、前の機種を生産している間に、次の機種に使う金型をあらかじめ設備の横に用意しておき、前の機種の生産が完了したらすぐに金型交換を始めるようにしておくことは、外段取りといえます。

　段取り時間の短縮ポイントは、外段取り化です。いかに多くの段取り作業を外段取りに切り替えられるかにかかっています。外段取りにできない内段取りは、作業の効率化によって時間短縮を図ります。

［4］動作のムダ（価値を生まない動作）

　動作のムダとは、付加価値を生まない作業や動作のことを指します。生産において、本来なら必要のない作業や動作はムダと考えますが、付加価値を生んではいないものの、作業する上でどうしても必要な動作もあります。

　例えば、プレス加工を見てみると、付加価値を生んでいるのはプレスした瞬間（ものの形が変わるとき）だけです。しかし、プレス加工を実施するためには、材料置き場から材料となる鋼板（被加工物＝ワーク）を取り出し、プレス機にセットする必要があります。プレス機から加工した鋼板を取り出し、加工済み品の置き場に持っていくことも必要で

す。この事例の場合、プレス加工そのものは正味作業と呼ばれ、付加価値を生んでいます。しかし、鋼板をセットする、あるいは取り外すという動作は、プレス加工を行う上でどうしても必要な動作ですが、付加価値を生まない動作と考えます。

　別の事例も挙げましょう。組み立て工程において、部品の包装を取り外してから組み立てる業務があるとします。この場合、部品を組み立てる動作は付加価値を生んでいます。しかし、部品から包装を取り外したり、包装を廃棄したりする動作は付加価値を生んでいないと考えます。

　いずれにせよ、工場内での作業は、できる限り付加価値を生むものだけにし、反対に付加価値を生まない作業や動作をできる限り少なくすることを考えます。

　付加価値を生まない動作のムダをなくすために、有効な視点があります。それは動作経済の原則というものです。動作経済の原則とは、最小限の労力で、最大の成果を上げられるように、最も良い作業動作を実現しようとする経済法則のことです。

　動作経済の原則には、4つの基本原則があります（図3-10）。(1) 動

1. 動作の数を減らす
　　探す・用意するなど、不要な動作を行っていないか
2. 動作を同時に行う（両手の法則）
　　片方の手が手待ちや保持になっていないか
3. 動作の距離を短くする
　　動作は最短・最適になっているか
4. 楽な動作にする
　　重力や慣性などの利用や、握りやすさ、見やすさなどに配慮しているか

図3-10 ●動作経済の原則
（出所：筆者）

・両手を同時に動かすことを考える
・両手を対称に動かす配置を考える
・片手の保持をやめて保持具を考える

左手で保持　　　　　　　　　　　　　保持具の活用で
　　　　　　　　　　　　　　　　　　左手はフリー

図 3-11 ● 動作を同時に行う
（出所：筆者）

作の数を減らす、（2）動作を同時に行う、（3）動作の距離を短くする、（4）楽な動作にするというものです。

　（1）の動作の数を減らすでは、不要な動作を行っていないかどうかを考えることがポイントになります。何かを探すことをやめる、何かを持ち換えたりすることをやめる、後ろを振り返ってものを取ることをやめる、作業の順序に合わない置き方をやめるといったことが挙げられます。

　（2）の動作を同時に行うでは、身体をフルに活用して片手を遊ばせないように考えることがポイントになります（図3-11）。これは両手の法則と呼ばれることもあります。右手でA作業をしながら、左手でB作業をするといった具合に、できる限り両手を活用して効率良く作業することを考えます。何かを保持するために片手を使っているのであれば、適切な治具を活用して、両手をフルで使えるような状態にすることなども挙げられます。

　（3）の動作の距離を短くするでは、人の動作をどのようにして短くするかを考えることがポイントになります。10mも歩く作業よりも、1mだけ歩けば済む作業の方が良く、さらには1歩も歩かずに済む作業の方がさらに良いということです。他にも、身体の動作そのものを小さくす

・重力や慣性力を利用する
・上下動を避ける（作業点高さを合わせる）
・動作経路の途中に作業する
・見える位置で作業する
・握りやすさ、持ちやすさ、軽さを考える
・注意せずに仕事ができる工夫をする
　（メーターを見るのではなく、ランプや音で知らせることを考える）

上から押す動作を横移動スイッチに

図 3-12 ● 楽な動作にする
（出所：筆者）

るために、作業場所やものの置き場、ものの置き方を工夫することも挙げられます。

　（4）の楽な動作にするでは、作業者の動作を最小にし、かつ余計な労力をかけないような作業を考えることがポイントになります（図 3-12）。持ちやすさや握りやすさ、見やすさを追求したり、調整作業など特別な注意を要する作業をなくしたりすることで、作業者ができる限り楽に作業できるように考えることが挙げられます。

［5］運搬のムダ

　運搬のムダとは、工程内でものをただ右から左へ動かすことを指します。一時的な仮置きや積み替えといったものも含みます。運搬することが正当な対価になる運送業者は別として、通常の製造業であれば、工場内でものを右から左に運んでも、ものの価値は全く変わりません。

　例えば、加工工程のある第 1 工場から組み立て工程のある第 2 工場ま

で、ものを100mも運搬したとして、ものの価値は向上するでしょうか。設備Xから隣の設備Yまで5mほどものを運搬すると、ものの価値は向上するでしょうか。距離の長短に関係なく、運搬そのものは付加価値を生み出しません。

　一方で、ものを運搬するにはコストがかかります。ものを運搬するための人件費はもちろん、フォークリフトやハンドリフトなどの運搬具を使えば、その費用もかかります。付加価値は生まないけれどコストはかかります。それが運搬の実態です。運搬に含まれる仮置きや積み上げ、積み下ろし、積み替えなども同様と考えてください。A地点からB地点に直接ものを運べばよいのに、途中で一旦仮置きすると、その分、工数は余計にかかります。ものを積み上げて、また積み下ろすといった動作も同様です。これらの動作はコストはかかりますが、付加価値の向上には寄与しません。

　また、運搬はコストがかかるだけではなく、運搬に伴って（多くの場合）一定の比率で運搬に起因するロスが発生します。運搬に起因するロスとは、ぶつける、落とすといったものです。品質不具合として最悪の場合は廃棄することになりますし、設備や建物の損傷にもつながります。この問題は、運搬の回数が減り、距離が短くなるほど発生しにくくなります。

　運搬にコストがかかり、運搬に伴って一定の比率でロスが発生するということは、運搬するたびに、実質的にはものの価値は目減りしていくことになると考えるべきです。

　運搬のムダをなくすための2つの視点を挙げておきます。

　1つは、工場のレイアウトや設備の配置などを変えて、運搬が必要のない状態にしたり、運搬の距離を最小にしたりする取り組みを考えることです。まずは、工場の中でものがどのように動いているのか、運搬の実態を「流れ線図」などを活用して正確に把握します。その上で、設備やものの配置をどのようにすれば、製品の流れがスムーズになるのか、運搬をより少なくすることができるのかを考えます。こうした現状分析を行い、運搬の課題を抽出した後、設備の配置やものの置き場、棚の置き場など、工場のレイアウトを改善して運搬を少なくします。併せて、生産プロセスの順番を変えるなどして、一時的な仮置きの発生をなくしたり、ものの停滞をなくしたりすることも考えておくべきです。

　工場のレイアウトやプロセスの制約によって、どうしても運搬をなくせない場合には、いかに運搬のムダを少なくするかという視点で考えると良いでしょう。例えば、空運搬をなくすことです。空運搬とは台車などの運搬具に、ものを載せずに動かしている状態を指します。作業者が何かを運搬した後、手ぶらで帰ってくることも空運搬の一種です。

　A地点で作業をしていた作業者が、A地点からB地点にものを運ぶとします。そしてまたA地点に戻ってくるといった状況を想定してみると分かりやすいでしょう。A地点からB地点には、作業上必要な運搬作業をすることになりますが、帰り道、すなわちB地点からA地点に戻るときには手ぶらで帰ってくることになります。この帰り道は純粋にムダなものです。従って、ものの流れや作業の手順などを分析し、運搬の「行き」だけではなく、運搬の「帰り」にも意味を持たせるようにします。例えば、B地点からA地点に戻るついでに次の作業の準備をするといっ

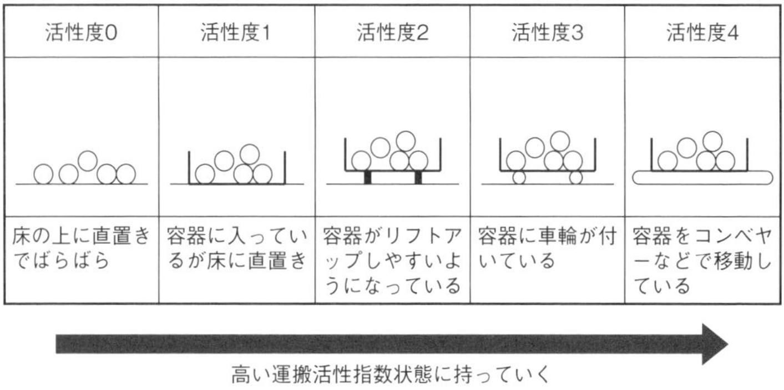

活性度0	活性度1	活性度2	活性度3	活性度4
床の上に直置きでばらばら	容器に入っているが床に直置き	容器がリフトアップしやすいようになっている	容器に車輪が付いている	容器をコンベヤーなどで移動している

高い運搬活性指数状態に持っていく

図3-13 ● 運搬の活性指数
（出所：筆者）

た具合に、できる限り生産や作業に寄与できることをして、ムダを減らします。

　もう1つは、より運搬しやすくすることです。運搬には**活性指数**と呼ばれる概念があります（図3-13）。運びにくい状態は活性度が低く、運びやすい状態は活性度が高いと考えます。例えば、ものをばらばらに運ぶよりも、容器に入れると運びやすくなります。さらに容器がリフターなどの運搬具で運べる形状であれば、より運びやすくなります。そして容器に車輪が付いていれば、運搬具がなくても人が押して直接運ぶことができるので、さらに運びやすくなります。その容器がコンベヤーに乗っていて自動的に運ばれるのであれば、もっと運びやすくなるといった具合です。

　このように、運搬が避けられないのであれば、できる限り運搬しやすい状態をつくることで運搬のムダを減らします。

［6］加工のムダ（不要な加工）

　先に加工は付加価値を生むと定義しましたが、加工のムダという付加価値を生まない不要加工もあります。例えば「部品Aに部品Bを取り付けるために、4本のねじで締める」という工程があったとします。ここで品質や性能に問題がなく、3本のねじで十分な締結強度が保てるのであれば、ねじの1本分は不要でありムダと考えます。このように、本来なら実施しなくて済む加工はムダと考え、特に開発設計段階において不要な加工を仕様に織り込まないように十分に注意する必要があります。

　付加価値を生まない**不要な加工**は他にもあります。例えば、調整作業や品質に関わらない場所の加工などもそうです。そもそも調整作業がなくても1発で仕様が満たされる開発設計にすべきであり、調整作業によって最終的な特性を維持するとことは、本来であればしたくない作業であり、ムダな加工と考えます。品質に関わらない場所の加工、例えば、誰も見ることがない製品の裏側まで丁寧に塗装するとか、見えない場所まで見える場所と同等の処理を行うとかいったことも、ムダな加工と考えます。製品の品質や安全上、避けられない加工は必要ですが、それらとは全く関係のない加工は余計なもの、すなわち加工のムダと考えるべきです。

　不要な加工のムダには、包装のムダもあります。納入した材料の梱包形態を想像してみるとよいでしょう。例えば、材料メーカーから梱包箱に入った材料が納品されたとします。梱包箱を開けると、中には新聞紙に包まれたものがあり、その新聞紙を開けるとさらにビニール袋に入ったものがあって、そのビニール袋の中には、さらに包装材で包まれた材

料が入っているといったケースがあります。これでは現場で材料を使う
ときに、面倒な作業が待ち受けていることは想像に難くありません。

　現実はこうした面倒な状況になっているにもかかわらず、部材メー
カーはわざわざ工数をかけて包装し、ビニール袋や梱包箱などの包装資
材にコストをかけているのです。それらのコストは当然、部材価格に転
嫁されています。それを使う側である工場でも、工数をかけて包装を外
し、中のものを取り出すと同時に、不要となった包装資材を廃棄する手
間がかかります。包装自体には、運搬のしやすさや品質の保持などさま
ざまな目的がありますが、その裏側では余計なコストや面倒な作業が材
料メーカーと顧客である工場の双方で発生していることを忘れてはいけ
ません。

　例えば、包装による手間やコストを削減するために、適切な形態の通
い箱を使ったり、現状よりも簡便な包装材に変更したりする工夫によっ
て、余計な包装の手間、すなわち加工のムダを減らすことを考えるべき
です。

[7] 停滞のムダ

　工場における停滞のムダとは、すなわち在庫のことです。部材が倉庫
に停滞している場合は材料在庫、中間仕掛かり品が工程のどこかで停滞
している場合は仕掛かり在庫、そして、完成品が完成品倉庫で停滞をし
ている場合は製品在庫です。

　本書では、在庫が持つさまざまな問題点について繰り返し述べてきま
した。「在庫は金がものに変わっている状態」であることを思い出して

ください。停滞とは、すなわち工場の至る所で、貴重な現金がものに姿を変えて、ただ眠っているだけの状態なのです。停滞があることにより、余分な倉庫費用や管理費用がかかる、在庫を置くためのスペースが必要になる、作業の邪魔になる、安全上の問題を引き起こすなどの問題が発生してしまいます。

　また、工程内で停滞している在庫は、いくら丁寧に保管していたとしても、経時的に品質が劣化するため、一定の時間が経過すると不良品となってしまいます。また、停滞している在庫は、販売につながらなければ、顧客の需要の変更や新製品への切り替わり時に販売不能となって廃棄につながってしまうことにもなります。

　付加価値を効率良く生み出している工場は、工場の中にあるあらゆるものが停滞せずに動いています（すなわち、何らかの加工を施されている状態になっています）。すぐに生産活動には使われない部材や、設備や通路の横に置かれたままの仕掛かり品などは、「生産活動に寄与するまではムダな存在」と捉えます。そして、部材にしても仕掛かり品にしても、常に工場の中で何らかの加工を施されて付加価値が向上されている状態をつくり上げることを考えることが大切です。

［8］不良をつくるムダ

　不良をつくるムダは、工場の中では比較的、理解しやすいムダでしょう。外観不良や機能不良など、出荷することができない不良を生産してしまうと、生産にかかった工数は全てムダになります。さらに、修正などを経て不良を良品化することができなければ、材料などの費用も全て

ムダになります。

　また、不良の発生により、出荷に必要な良品数を確保できなくなる可能性があります。すると、顧客への納期にも影響が出てしまい、販売の機会損失にもつながりかねません。不良に対して手直しや修正などを行うと、ものは良品化されますが、それらの工数や費用は本来ならば必要のないものです。

　不良をつくるムダをなくすためには、品質改善が必要になります。具体的な手法は技術論的な要素が強くなるため本書では言及を避けますが、不良をつくるムダを考える上で、忘れがちな点を指摘します。

　それは「工程ハネ」に対する視点です。工程ハネとは、工程でハネられたものという意味からできた用語です。例えば、作業者がねじを締め付けるときに締め付け損なったので、すぐに取り外して、再度締め直しをするといったことを指します。もの自体は不良にはならないため、現場では「たかが、ねじの締め直し」と軽く扱われてしまい、その実態を把握していないケースが少なくありません。

　不良は工程内で明確に識別され、その内容や発生数は重要な管理項目として扱われるものです。しかし、工程ハネのように、締めにくいので締め直した、組み損ねたので組み直した、貼り付け位置がずれたので貼り付け直したといった問題は把握されていないことが多く、結果的に問題の是正に至らないまま放置されてしまいます。

　こうした工程ハネは、作業の直行率を下げることになるので、当然ながら余計な工数をかけてしまうことになります。工場では、不良や手直しだけではなく、見落としがちなこの工程ハネに対しても実態をきちん

と把握し、適切な対策を講じることが必要です。

［9］検査のムダ

　工程で100％良品を生産することができれば、検査の必要はありませ
ん。これが検査のムダです。確実な良品を検査して「確かに良品でし
た」と確認しても、本質的な意味は全く変わらないからです。検査と
は、良品か不良品か未確定なものを、確実に良品なのか、確実に不良品
なのかを峻別することです[*2]。

[*2]　ものの良否判定とは別に、検査によって特性値などを把握する意味もありますが、こ
こでは言及しません。

　確かに、検査によって不良品を出荷してしまうことを防ぐことはでき
ますが、「良品と思われるもの」に検査を実施して「確実な良品」にした
ところで、製品の価値は全く向上しません。あえていうならば、「良品
と思われるもの」は、顧客にとっては本来の価値以下の存在（厳しくい
えば無価値な存在）であり、検査を行って「確実な良品」になると、よ
うやく顧客にとって本来の価値を有する存在になります。しかし、決し
て本来の価値そのものが向上することはありません。検査をすることで
特性や外観が向上するかを冷静に考えてください。

　確実な良品を生産することができないと、検査という付加価値のない
作業を追加して、ようやく顧客に本来の価値を提供するということにな
ります。逆に、確実な良品を生産することができれば、検査などしなく
ても顧客に本来の価値を提供することができます。これが、検査をムダ
と考えるゆえんです。

　顧客に対して「品質を確保するために、念入りに検査します。ついてはその費用を下さい」と要求したとしても、顧客がそれを受け入れることはないはずです。顧客が求めているのは、工程で良品が造り込まれていることです。工程での品質に自信がないからと、検査を何度も実施したとしても、それを製品の購入価格に含めることは許されません。

　本筋は、工程改善や品質改善などに取り組み、工程で確実に良品を生産できるようにすべきなのです。工程で品質を確実に造り込むことで、工程の中で行われるさまざまな検査や確認チェックといったものを少なくする。これが検査のムダに対する重要な着眼点と考えてください。

　なお、ここで言及した「検査」には、厳密には、工程内での検査工程だけではなく、加工工程などの中で行われる確認作業も含まれます。加工プロセスで確実に良品が生産できるようになっていれば、そもそも確認は不要だという考えによるものです。

　ただし、顧客との契約によって必ず行わなければならない検査（顧客が費用の負担も了解している検査）や、法令や規制によって義務付けられている検査は、そもそも検査をしなければ商品として成り立たないので、そうした検査が必須であることは言うまでもありません。

3.2.6　まとめ

　工場にとって、ムダとは血管に溜（た）まった“コレステロール”のようなものだと考えてください（図3-14）。

　本来であればたくさんの血を流すことができる血管が、コレステロールが溜まっているために、流れる血流が抑制されてしまう姿を想像して

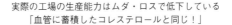

実際の工場の生産能力はムダ・ロスで低下している
「血管に蓄積したコレステロールと同じ！」

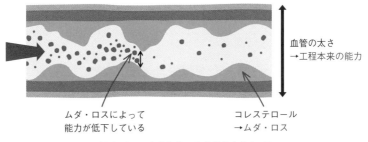

血管の太さ
→工程本来の能力

ムダ・ロスによって
能力が低下している

コレステロール
→ムダ・ロス

ムダをなくし、生産能力・生産性を向上すべし！

図3-14 ●ムダ・ロスは工場の流れを阻害する
（出所：筆者）

ください。工場もこれと同様です。ムダという名のコレステロールが溜まっているために、本来なら発揮できたはずの生産能力を実現できず、生産能力を目減りさせている姿を考えればよいでしょう。こうしたムダが溜まった状態のまま工場の生産能力を高めようと改善活動を行っても、その効果は期待できません。

　例えば、工場の生産能力を高めるために、設備を増やしたとします。設備が増えることで生産能力は高まりますが、工場に内在するさまざまなムダにより、新たに導入した設備の生産能力は必ず目減りしてしまいます。工場で生産能力を高めるときは、まずはムダの徹底排除からスタートすることを鉄則にしてほしいと思います。

3.3　工場全体を俯瞰するための人時間・機械時間の概念を知る

3.3.1　工場全体を俯瞰する

　工場の生産性を高め、競争力を引き上げるためには、それぞれの現場で目に付く部分的な課題を解決するだけでは不十分と考えてください。もちろん、現場で発見した課題をすぐに改善しようとする取り組みそのものは、大いに推奨されるべきであり、決して間違った取り組みではありません。この点を誤解しないようにしてください。

　しかし、現場の作業をより良くするために、薄皮をめくるような改善に多くの工数をかけている一方で、現場の他の場所ではトラブルが多発していたり、生産計画のまずさから人の手待ちが頻繁に発生していたりと、なんともちぐはぐな状況になっていることがあります。これは、現場全体を俯瞰し、今何が問題かを考えなかったことに原因があります。作業者が自分の作業の周辺で目に付く課題を解決しようと、部分的に取り組むことによって発生してしまう悩ましい失敗例なのです。

　実は、改善活動に積極的な工場でよく見られる困った状況なのですが、改善活動を続けて大きく目立った課題を次々と解決すると、より手間がかかり、かつ改善効果も小さい課題が残ってしまうことがあります。新しい案がなかなか浮かんでこない、いわゆる「手詰まり」に近い状態を想像してください。そうした状況で、現場を一段高い所から眺めることなく、ひたすら現場目線での改善に突き進んでしまうと、大変な苦労をしてもわずかな効果しか得られないといったことになりかねませ

ん。こうした事態に陥らないように、ここでは、工場マネージャーが工場全体を俯瞰するときに有効な視点を紹介します。

3.3.2　人時間の考え方

　人時間の考え方とは、工場に働く人（作業者）が1日全体を通して、どのような作業に、どれだけの時間を費やしているかを考えるときに有効な視点です（図3-15）。「どの動作に何分かかった」とか「何を何秒で行った」とかいう個別の作業時間を議論するのではなく、作業者の時間の使い方を大局的に見極め、工場マネージャーとして取り組むべき課題は何かを見極めるときに必ず押さえておくべき考え方です。［1］拘束時間、［2］就業時間、［3］実働時間、［4］有効実働時間、［5］正味稼働時間、［6］標準時間と割増係数、［7］価値稼働時間の7つがあります。

［1］拘束時間

　拘束時間とは、工場で働く作業者が1日どれくらい働いたかを指すものです。

　一般には就業時間やタイムカード時間とも呼ばれ、朝の8時から夕方の5時まで働いたなら、その間の時間が拘束時間となります。就業規則に定められた所定労働時間に加え、残業などの時間外労働が発生した場合は、その時間も含めて考えます。拘束時間とは、労働者、すなわち工場においては作業者が、企業の指揮命令下にある時間と定義されています。

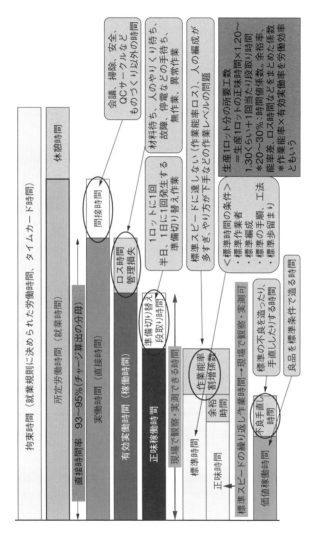

拘束時間（就業規則に決められた労働時間。タイムカード時間）

所定労働時間（就業時間）

休憩時間

直接時間率 93～95%（チャージ算出の分母）

実働時間（直接時間）

間接時間

会議、掃除、安全、QCサークルなどものづくり以外の時間

有効実働時間（稼働時間）

ロス時間　管理損失

1ロットに1回発生する半日、1日に1回発生する準備切り替え作業

材料待ち、人のやりくり待ち、故障、停電などの手待ち、無作業、異常作業

正味稼働時間

準備切り替え　段取り時間

標準スピードに達しない（作業能率ロス）、人の編成が多すぎ、やり方が下手など手作りレベルの問題

現場で観察し実測できる時間

作業能率　割増係数

＜標準時間の条件＞
・標準作業者
・標準編成
・標準の手順、工法
・標準歩留まり

生産1ロット分の所要工数
＝生産1ロットの正味時間×1.20～1.30（らい1回当たり段取り時間
＊20～30%：時間値係数。余格率
能率差 ロス時間などをまとめた係数
＊作業能率×有効稼働率を労働効率ともいう

標準時間

余裕時間

標準スピードの繰り返し作業時間→現場で観察・実測可

正味時間

不良手直し時間

標準の不良を造ったり、手直しをしたりする時間

良品を標準条件で造る時間

価値稼働時間

図3-15 ●人時間の考え方
（出所：筆者）

［2］就業時間

　就業時間とは、拘束時間から休憩時間を除いたものを指します。

　一般に、休憩時間は昼食休憩（シフト勤務の場合は夜食休憩）を意味します。一方で、午前中の小休憩や午後の小休憩など、10分程度の時間が設定されている場合は、就業時間内として扱われる場合とそうではない場合とがあり、企業によって扱いが異なります。

　労働基準法第34条によって、「労働時間が6時間を超えて8時間以内の場合は少なくとも45分」の休憩時間を、「労働時間が8時間を超える場合は少なくとも60分」の休憩時間を確保することが義務付けられています。

　休憩時間は、法律上、作業者が「作業時間の途中」に作業から離れて自由に過ごす権利を保障された時間と定義されています。工場においては、工場から自由に出入りできるわけではないので、事実上はある種の拘束下にありますが、作業指示からは解放され、自由に休むことのできる時間とされています。

　なお、この労働基準法による休憩時間には、次の3つの原則があります。工場マネージャーとして知っておくべき基本知識として心得ておくとよいでしょう。

（1）労働時間の途中に付与する

　休憩時間は、就業時間の「途中」に与えなければなりません。例えば、休憩時間を就業時間の最初に与えて「遅く仕事を始める」、あるいは就業時間の最後に与えて「早めに仕事を終える」といった扱いは禁止されています。

（2）休憩時間は一斉に付与する

　休憩時間は、作業者に対して一斉に与える必要があります。Aさんは12時から、Bさんは13時からなど、個別に休憩時間を変えて与えることは禁止されています。ただし、労使間で別途協定がある場合には、一斉に休憩するのではなく、交代して休憩を取ることが認められています。

（3）休憩時間は自由に使わせる

　休憩時間は、完全に仕事から解放して作業者の自由に利用させなければなりません。外出することなども基本的には制限することはできません。ただし、工場に適切な休憩施設などがあり、作業者が社内で十分に休息できる場合など、合理的な理由があれば、外出などの自由をある程度制限することも可能とされています。

MEMO

第**3**章

例えば、朝の9時に出社して夕方17時に退社した場合、会社にいる時間は合計8時間になり、労働基準法に従うと45分の休憩時間が必要になります。昼休憩として12時から12時45分までが定められているとするならば、就業時間は7時間15分と考えることになります。企業にとっては、この就業時間が労働者に対して対価を支払わなければならない時間になり、いわゆる労務費としてのコストが発生している時間となります。

[3] 実働時間

　実働時間とは、賃金の支払いが発生する就業時間から間接時間を引いたものを指します。実働時間は直接時間とも呼ばれます。

　ここで間接時間とは、会議や掃除、安全活動、QC（品質管理）サークル活動など、業務として行っている活動の時間ではあるものの、直接的な生産活動は行っていない時間を指します。間接時間は、適切な内容であれば、工場においてQCD（品質、コスト、納期）を確保するために役に立つものです。生産活動を行っていない時間ですが、工場を健全に運営するための重要な時間として位置づけられています。この間接時間の活動内容いかんで、実際に生産活動を行っている実働時間（直接時間）の効率が大きく左右されることもあります。従って、間接時間の使い方は、常に工場マネージャーとして注視しておかなければなりません。

[4] 有効実働時間

　有効実働時間とは、実働時間からロス時間や管理損失と呼ばれる時間を引いたものを指します。有効実働時間は稼働時間とも呼ばれます。

　ここで実働時間とは生産活動を行っている時間ですが、実際にものを生産している時間だけではなく、設備や治具が故障したときなどのトラ

ブル対応の時間、材料を待っている時間、作業者同士の人のやりくり待ちをしている時間など、ものを生産していない時間が含まれています。これらをロス時間、あるいは管理損失と呼びます。

　工場において、こうした管理損失の時間は設備管理や生産管理、品質管理など、管理レベルの良しあしに左右されます。管理レベルが高ければ管理損失による時間は少なく、管理レベルが低ければ管理損失による時間は多くなります。従って、工場マネージャーには、この管理損失を少なくするための取り組みが求められます。

［5］正味稼働時間

　正味稼働時間とは、有効実働時間から準備切り替え・段取り時間を引いたものを指します。

　ここで有効実働時間は、生産活動を行っている時間ですが、実際にはロットごと、あるいは機種ごとに、準備切り替えや段取り替えの時間が必要です。それらの時間の間は、ものを生産している正味の時間ではないため、これらを切り分けて考えることが重要です。正味の稼働時間が、まさにものを生産している時間そのものです。工場マネージャーには、準備切り替えや段取り時間を短くするための取り組みが求められます。

［6］標準時間と割増係数

　標準時間とは、標準的な習熟度の作業者が、標準的な作業方法や条件の下で、作業を行ったときに必要とされる理想的な時間を指します。

　ただし、現実には、常にこの標準時間で作業を実行することが難しい場合も存在します。例えば、現場に「標準的な習熟度の作業者」だけがいるとは限りません。正しい作業は行えるものの、作業時間が少し余計にかかる作業者もいるものです。標準的な習熟度の作業者であっても、新しい製品が立ち上がるときや、仕様変更によって作業の内容が大きく変わったときなど、作業者自身が新しい作業のやり方に慣れて標準時間で作業ができるようになるまでには、ある程度の時間が必要になります。

　また、複数の作業者で作業を行っている場合は、作業者同士の能力の差や役割分担の都合により、それぞれの作業の進み方に、どうしても手待ちなどのロス時間が発生してしまいます。

　標準的な習熟度の作業者が、理想的な環境の下で予定と寸分違わぬ時間で作業ができればよいのでしょう。しかし、実際の作業ではさまざまな要因により、理想的な時間で作業を継続することが難しくなります。そこで、割増係数という概念を用いて、理想的な時間に対して一定比率の時間を加算したものを標準時間と考えます。

　例えば、習熟したベテラン作業者が理想的な条件下で作業し、その時間をストップウオッチで計測したところ10分だったとします。しかし、他の平均的な作業者が、平均的な現場の条件下で全く同じ時間で作業できるとは限りません。そのため、例えば「5％」といった割増係数を設定し、10分×1.05（つまり5％増し）の「10.5分」を標準時間と設定するのです。

　なお、この割増係数は作業や職場の実情を加味して設定されるものなので、自社の過去の実績や、書籍などで公開されている他社の事例を踏

まえて各社で値を考えています。比較的平易で、作業の習熟度や作業環境によって作業時間に差異がない場合の割増係数は小さく、作業の難易度が高く、作業の習熟度や作業環境によって大きく作業時間が変わる場合の割増係数は大きくなります。

正味時間と余裕時間

　標準時間は、さらに分解をすることが可能です。標準時間は、厳密には正味時間と余裕時間から構成されています。

　正味時間とは、何かの作業を行うときに、実際に現場で観察をして時間を測定・把握することができる、まさに正味の作業時間を指します。しかし、人間が作業をする上で、常に正味の時間を継続して1日中作業を継続することは不可能です。作業者は疲れて一息つくことも、水分補給のために水を飲むこともあります。

　また、作業を適切に行うために、図面や指示書を確認したり、管理者に相談したりすることもあります。これらの時間は余裕時間と呼ばれ、作業に必要な正味の時間には含まれませんが、1日の作業を通して避けることのできない時間になります。従って、標準時間を考える際には、正味時間に必ず一定時間の余裕時間を加味することが必要になります。この余裕時間には、大きく4つの種類が存在します。

（1）作業余裕

　作業を行いながら図面をチェックしたり、指示書を確認したり、管理者・監督者や同僚と作業に関わる軽い打ち合わせや問い合わせなどの用談（要件についての話し合い）をしたりするための時間のことです。

（2）職場余裕

　作業時間中に行う軽い朝礼や簡単な清掃、職場の体操など、作業には直接関係しないものの作業に必要な時間のことです。

（3）用達余裕

　生理現象としてトイレに行ったり、暑いときに水分を補給したり、汗を拭いたりするための時間のことです。特に、夏季の作業においては十分に配慮が必要なものです。

（4）疲労余裕

　作業をしている中で、疲れたため、その場で少し手を止めて休憩する（背伸びをする、肩を少し回すといった動作を含む）時間のことです。身体への負担が大きな作業や熱間職場、騒音・粉塵の激しい職場などでは、この疲労余裕は通常の作

業よりも大きく加味しておくことが必要です。また、軽作業であっても、繰り返し動作が多い作業や、集中力が求められる作業も同様に、この疲労余裕を適切に加味することが必要となります。

　これらの余裕時間を実際の作業に必要な正味時間に加味して、標準時間は設定されます。ただし、厳密にはかなり細かな議論になるため、余裕時間の詳細を議論せず、正味時間に一定比率を割り増しして、ざっくりと標準時間（味稼働時間）を考える場合もあります。

　作業や動作が、数秒や数分といった極めて短い単位で行われる場合は、これらの余裕時間や割増係数が無視できないレベルになるため、生産性を改善するために厳密な議論をすることがありますが、作業が数十分あるいは数時間といったものであれば、あえてこれらの細かい話に突っ込むことをしない選択肢もあります。

［7］価値稼働時間

　価値稼働時間とは、良品を標準条件で造る時間のことを指します。

　生産活動において正味稼働時間あるいは標準時間の中であっても、残念ながら良品ではなく不良品や手直し品が発生することもあります。不良品や手直し品を生産するにも時間が費やされています。そのため、工場マネージャーはそれらの時間を極力短くし、正味稼働時間や標準時間のできる限り多くの割合を、良品を生産する時間にすることが求められます。

　このように、工場において作業者がどのような時間の使い方をしているかを俯瞰できる考え方が、人時間なのです。この人時間の概念を活用すると、生産現場において改善すべき部分が浮き彫りになります。例えば、1日の時間のうち、ロス時間や管理損失にどれだけの時間を費やしているのか。準備切り替えや段取り時間にどれだけの時間を費やしているのか。不良や手直しの時間にどれだけの時間を費やしているか。これ

らを客観的かつ定量的に把握しておくことで、何に着眼すべきなのかを客観的に考えることができます。

　生産改善を行う際にありがちな過ちがあります。10分かかっている仕事を改善活動によって9分にするといった取り組みを精力的に行う一方で、実はそれによって改善された時間（1分の短縮）よりも、はるかに大きなロス時間や管理損失、準備切り替えや段取り時間が存在しているというものです。特定の作業を部分最適の形で改善するのではなく、まずは工場全体の時間の使い方を把握した上で、適切な改善活動や改善テーマを考えることが重要なのです。

3.3.3　機械時間の考え方

　機械時間の考え方とは、工場で稼働する設備（機械）が1日全体を通して、どのような作業に、どれくらいの時間を費やしているかを考えるときに有効な視点です（図3-16）。基本的には、人時間の考え方と共通するものです。設備の細かな「どの加工に何分かかった」という個別の加工時間を議論するのではなく、設備の時間の使い方を大局的に見極め、工場マネージャーとして取り組むべき課題は何かを見極める時に必ず押さえておくべき考え方です。[1] 操業時間、[2] 負荷時間、[3] 稼働時間、[4] 正味稼働時間、[5] 価値稼働時間の5つがあります。

[1] 操業時間

　工場で使われる設備は、工場に存在しているだけで「1分何円」という形で償却費という費用がかかります。操業時間とは、その設備が設置

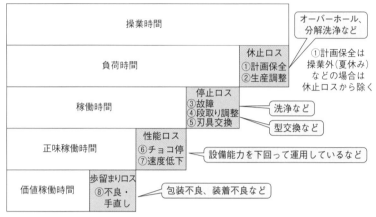

図 3-16 ●機械時間の考え方
（出所：筆者）

されている工場が年間を通じて操業できる時間のことを指します。年間の稼働日数が276日（月当たりの平均稼働日数は23日）で、1シフト8時間操業体勢であれば、年間の操業時間は2208時間となります。

［2］負荷時間

　負荷時間とは、操業時間から計画的に設備を停機（稼働を止めること）させている時間を引いたものを指します。生産能力を下回る受注しかない場合に設備を意図的に停機させる、いわゆる計画停機（生産調整）の時間や、オーバーホールや分解洗浄などを行う計画保全の時間、

計画的とはいえ設備が動いていない時間を休止ロスと呼びます。すなわち、負荷時間とは、休止ロスを除いて工場を最大限動かすことができる時間のことを意味しています。

　ただし、この休止ロスが受注状況によって発生する場合は、工場の努力ではどうにもならないものです。そのため、例えば「翌月に生産能力を超える受注があるために、今月は余力があるタイミングで先行生産しておく」といった特別な事情がない限りは、工場での改善の対象にはならないこともあります。また、休止ロスが計画保全によるものであれば、それらは生産をトラブルなく実行するために必要な活動です。適切な計画保全であれば削減の対象とはなりません。

> **MEMO**
> 　改善手法として、生産能力に余力がある場合に意図的に生産速度を落とし、緩慢な作業を許容する代わりに必要な作業者数を減らすというものがあります。この場合には、受注要因で発生した休止ロスを「活用」して、改善議論を行うこともあります。例えば、3人で4時間かけている作業に対し、出荷までに余裕があって生産能力にも余力がある（受注要因で発生している休止ロスがある）場合は、作業者を2人に減らし、その代わりに作業時間を少し長くして6時間で作業を完結させることができます。延べ作業時間は、どちらも12時間です。しかし、後者の場合は、従事する作業者の人数を減らすことができるのでメリットが得られます。

［3］稼働時間

　稼働時間とは、負荷時間から生産活動の途中で設備が停止してしまう時間を引いたものを指します。負荷時間の間に設備が常に加工しているわけではありません。設備は、さまざまな要因で停止してしまうことがあります。例えば、故障や段取り替え、調整、型の交換、刃具の交換な

どで、生産活動の途中に設備が止まってしまうことがあり、これらを停止ロスと呼びます。稼働時間は、その設備が加工作業に従事している時間を意味します。

[4] 正味稼働時間

正味稼働時間とは、稼働時間から設備本来の能力を十分に使い切っていない時間を引いたものを指します。稼働時間の間に設備は加工など生産活動を行っていますが、常に設備の能力を最大で発揮しているわけではありません。

例えば、チョコ停などがその代表例です。工場ではチョコ停が数多く発生していることがあります。1回のチョコ停における設備の停止は短く、生産に与える影響は小さくても、1日に発生するチョコ停の回数が増えることによって、積もり積もって1日に数十分～数時間もの時間になってしまうこともあり得ます。こうした時間は、設備本来の能力を十分に使い切っていないと考えるのです。

もう1つ、速度低下もその代表例です。例えば、設備の最大能力として100kg/時で加工できたとします。しかし、最大速度で設備を稼働させると不良の発生が増加したり、消耗品の消費が激しくなったり、生産が安定しなかったりといったさまざまな理由によって、設備の最大能力から少しスピードを落として、例えば90kg/時程度で加工することがあります。こうした状態を速度低下と考えます。また、設備は本来、スイッチをオンにするとその瞬間に設備能力100％で加工を開始し、スイッチをオフにするとその瞬間に設備能力が100％からゼロ％になるこ

とが理想です。しかし、現実の設備は、スイッチを入れてから適切な能力で生産ができるまでに少し時間がかかります。こうした状態も速度低下と考えます。

　チョコ停や速度低下により、設備本来の能力を十分に使い切らずに最大能力を下回って運用している時間を性能ロスと呼びます。正味稼働時間は、その設備を生産のために本来あるべき最大の能力で稼働させた時間を意味します。

[5]　価値稼働時間

　価値稼働時間は、正味稼働時間から不良品を生産した時間を引いたものです。つまり、良品を生産した時間のことを指します。これは人時間で解説したものと同じ意味で、設備が不良品や手直し品を生産した時間を引いて、良品を生産した時間を指します。逆に、不良品を生産した時間を歩留まり（歩留まりロス）と呼びます。

　このように、工場において設備がどのような時間の使い方をしているかを俯瞰した考え方が機械時間です。この機械時間の概念を活用すると、生産現場において改善すべき部分が浮き彫りになってきます。

　機械時間の中で注目すべき改善ポイントとしては、休止ロスや停止ロス、性能ロス、歩留まりロスが挙げられます。ただし、休止ロスは前述の通り、その会社が受注した製品の量が設備の最大能力未満であれば自動的に発生するものであり、工場の中での努力が反映されない場合も多く、一般には主要な議論からは外されることが多いものです。そのため、工場では主に、停止ロスと性能ロス、歩留まりロスの3つを挙げて

議論することが中心となります。

　この3つのロスには別名があり、停止ロスは時間稼働率、性能ロスは性能稼働率、そして歩留まりロスは歩留まり（良品稼働率）と呼ばれています。工場において、設備がいかに有効に稼働しているかを示す指標として広く活用されている設備総合効率（Overall Equipment Effectiveness：OEE）は、この「時間稼働率×性能稼働率×歩留（良品稼働率）」で表されます（図3-17）。

　例えば、負荷時間が7時間の工場において、停止時間が30分の場合は、時間稼働率は93％になります。その設備において、最大能力が4000袋/時の設備を、諸般の理由で3600袋/時で稼働させると、性能稼

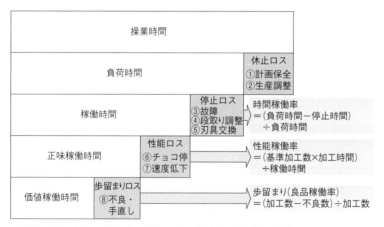

設備総合効率＝時間稼働率×性能稼働率×歩留まり（良品稼働率）

例：設備総合効率＝93％×90％×95％＝80％→最大能力の80％でしか稼働できていない。
　負荷時間7時間に対し、停止時間が30分の場合、時間稼働率は93％。
　最大能力4000袋/時の設備を3600袋/時で稼働させると、性能稼働率は90％。
　歩留まりは95％。

図3-17 ●機械時間の考え方と設備総合効率の関係
（出所：筆者）

働率は90％になります。そして、その設備から出てきた製品の不良率が5％であれば、歩留まりは95％となります。すると、これらを総合した設備全体としての有効な稼働、すなわち設備総合効率は93％×90％×95％＝80％と計算されます。これは、設備の理想的な最大能力の80％でしか稼働できていないことを意味します。

　設備を本当に有効に稼働させようと思えば、歩留まりだけ、時間稼働率だけ、性能稼働率だけといった部分的な改善を行うのではなく、設備全体の時間の使われ方を俯瞰で把握し、より大きなロスを適切に潰し込んでいくことが効率的な改善になります。工場マネージャーは、人だけではなく、設備に対してもこうした視点で考える姿勢が求められるのです。

3.4　現状の改善から、現状の延長線上にはない改革へ

3.4.1　現状の延長線上にはない変革の考え方

　生産現場をより良く変えるには2通りの視点があります。1つは、現場の問題に対して解決策を講じることにより、生産現場をより良く変えるものです。工場で一般的に見られる改善はこの取り組みです。

　もう1つは、今ある問題に対して何かをするのではなく、最初に目指すべきゴール「あるべき姿」を描くものです。そのゴールに対し、現場をどう変えていく必要があるかを考え、そこから導き出された解決策を講じることによって、生産現場をより良く変える取り組みです。

　筆者は前者を改善、後者を改革と呼んでいます。改善は現在の延長線

上における活動であるのに対し、改革は将来の姿であるあるべき姿を実現するための活動と考えてもらえばよいでしょう。改革では、多くの場合、あるべき姿を実現するために、現状を否定して考えることが必要になります。なぜなら、あるべき姿は必ずしも現在の延長線上にあるとは限らないからです。現場において目指すべきゴールとは、自分たちが考える工場のあるべき姿を実現する取り組みと言い換えられます。

ただし、改善的であっても改革的であっても、工場をより良くする活動の一般名称として「改善」という言葉を、一般動詞として「改善する」という言葉を使うことも少なくありません。

例えば、現在の不良率が3％だった場合、不良の内容を分析して必要な対策を行うことで不良率を3％よりも小さい数字（例えば、2.8％や2.5％など）にする取り組みが、改善に当たります（図3-18）。

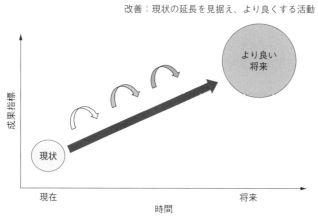

図3-18●改善活動
（出所：筆者）

これに対し、改革とは工場のあるべき姿を描くことが重要になります（図3-19）。現在の不良率が3％として、あるべき姿は不良率をゼロ化するといったものです。ただし、概念的な不良率を文字通りゼロにするというのは、理想論になってしまう場合もあるので、現実的な目標としては、例えば、現在の不良率よりも1桁小さい数字（例えば0.1％など）などを設定することになります。不良率をここまで激減させるには、例えば、生産プロセスを根本的に変える、品質の概念を根本的に変えるといった、現状を根本的に変える、まさに改革が必要になります。

別の例では、現在の作業時間をより短縮するために、作業分析などを行ってものの配置などを最適化し、作業時間の短縮を実現する取り組みは、改善といえます。それに対し、人の移動距離を最短にするといった、あるべき姿を描き、設備の配置やレイアウト、プロセスの根本的な

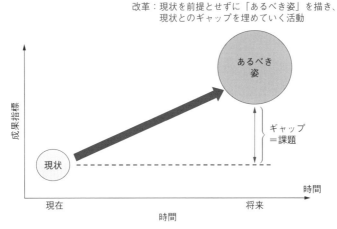

図3-19 ●改革活動
（出所：筆者）

見直しにまで手を入れるのが、改革です。

　工場のあるべき姿を描き、現状を客観的かつ定量的に把握すると、両者のギャップが明確になります。このギャップこそ、現場を大きく変革するために解決すべき課題になるのです。もちろん、言葉遊びではないので、改善と改革が厳密に分かれるわけではありません。しかし、現状をより良くしていく取り組みなのか、現状を前提条件とせずに、あるべき姿を考えてそこから取り組むべきことを考えるのかといった視点の違いは、工場マネージャーとして確実に理解しておくべきです。

3.4.2　モグラたたきからの脱却

　工場のあるべき姿を考えない改善活動は、「モグラたたき」に例えることができます。モグラたたきとは、穴がたくさんあって、どの穴からいつモグラが出てくるかは分からない中で、とにかく出てきたモグラをひたすらたたき続けるゲームです。さて、いつまでモグラをたたき続ければよいのでしょうか。ゲームであれば制限時間が来れば終了ですが、現実の生産活動では、工場が生産を続ける限り、ゲームオーバーはありません。ひたすら発生し続ける問題を、まるでモグラたたきのゲームのようにひたすらたたき続ける、つまり問題が発生するたびに、改善し続けることになります。

　確かに、出てきたモグラを適切にたたく（発生した問題を適切に解決する）と、次からは同様のモグラは出てこなくなる（つまり、問題の再発を防げる）でしょう。しかし、また新たなモグラ（別の問題）が、どこからともなく湧いてきます。

　モグラたたき的な活動をしないためには、出てきたモグラを上手にたたくのではなく、モグラのいない“きれいな草原（問題が発生しない工場）”にすることです。つまり、問題が発生しない工場へ変革するためには何をすべきなのかを考えることが重要なのです。

　工場マネージャーは、発生した問題を適切に解決する活動から、そもそもどうすれば問題が発生しない工場になるのかを考える活動へと、軸足を切り替えることが役割だと考えてください。

3.4.3　総合改善の考え方

　工場マネージャーは、戦略的な視点、あるいは経営的な視点から「我が工場はどうあるべきか」を考え、その実現に向けて取り組むべき課題を設定するという重要な役目を果たさなければなりません。

　現状を打破し、現場を大きく変革させたいと考える場合、闇雲に「何か大きな改善ネタはないか」と個別の改善ネタを探し、それに対して腕力で立ち向かっていくやり方は、好ましい方法とはいえません。確かに、狙い撃ちした改善ネタが適切だった場合は、十分な効果が得られるかもしれません。しかし、それはあくまで「運」によるもので、たまたま良い改善ネタに当たっただけにすぎません。狙い撃ちでの改善は、どうしても初めに決めた改善ネタの実行ありきで活動が進んでしまうため、ともすれば部分最適の活動になってしまいがちです。

　部分最適に陥らないように注意しながら、工場全体をいかに大きく変革していくべきなのかを考えるための手法があります。筆者はこれを総合改善と呼んでいます。この改革手法の大きなステップは、[1] 多角的

な現状把握、［2］課題の統合整理、［3］あるべき姿の作成、［4］あるべき姿を実現するための改善の4つで構成されます。それぞれのステップについて詳細を解説しましょう。

［1］多角的な現状把握

　作業改善などの技術書をひもとくと、数多くの現状把握の手法が紹介されています。それらに対し、ここでいう多角的な現状把握とは、決め打ち的に単一の現場把握の手法にこだわるのではなく、考えられる複数の現状把握の手法を活用して、より多角的な視点から今の現場に内在する課題を考えることです。

　現状把握と現状分析（原因分析）という言葉があります。現状把握とは、現状を事実のまま客観的に（かつ、できるだけ定量的に）把握することを指します。一方、現状分析とは、把握した現状の客観的なデータを基に、QC7つ道具*3 などを活用して課題を洗い出したり、課題の原因を追究したりすることを指します。

　言葉の定義を厳密にするなら両者を区別すべきですが、実務的にはほぼ同一の意味で活用されることが多いと思います。その場合は、現状を把握して分析する一連の行為を現状把握もしくは現状分析と呼びます。多少曖昧な語感で使われるので注意が必要です。

　例えば、組み立て工場において、工程内のものの動きに問題はないかと考える場合、「物流動線」の調査などが現場把握の手段として出てきます。それにより、どの作業にどれくらいのものの移動（ものを搬送した距離や搬送の回数）が存在しているかを把握し、そこから改善すべき

課題を考えることになります。こうした現状把握と課題検討そのものは適切であり、何ら問題はありません。しかし、さらに多角的な現状把握を実施すると、より課題検討の視点が広がります。

　例えば、ものの動線を調査することに加えて、作業者（人）の動線の調査をしてみることを考えてください。作業者は、ものを運んでいる以外にも、作業の過程でさまざまな動きをします。ものの動線と作業者の動線の双方を調査することで、ものの動きに関わる課題と作業者の動きに関わる課題の両方が見えてきます。すると、ものの動きを最優先にしたレイアウト案と、作業者の動きを最優先にしたレイアウト案、そして、ものと作業者の両方がバランス良く最適化されたレイアウト案など、複数の視点からの課題を踏まえた改善案を議論することができます。

　さらに、これらに加えて「ものの荷姿」調査を同時に行うと、ものの動きや作業者の動きに、新たな課題を追加することができます。荷姿調査とは、入荷時や工程内における、ものの梱包形態（箱に入っている、袋に入っているなど）を調査することで、ものを扱うときの作業性の課題や、梱包や開梱の課題、梱包材などの廃棄物処理の課題などを洗い出すことができるものです。ものの荷姿によって作業の内容が変わるため、ものの動線や作業者の動線に影響を及ぼし、改善案にも新たな視点が加わります。

　他にも、ものの移動における「活性指数」の調査、ものの移動での持ち上げ持ち下げという高さに着目した「上下移動」の調査など、さまざまな手法が存在します。それらを複合的に行うことで、現場に内在する課題をより広い視点から考えることが、ここでのポイントになります。

＊3　QC7つ道具　（1）パレート図、（2）特性要因図、（3）グラフ、（4）チェックリスト、（5）ヒストグラム、（6）散布図、（7）管理図のこと。品質データを「見える化」し、整理するための基本的な品質管理ツール。

［2］課題の統合整理

　多角的な現状把握を行うと、さまざまな視点からの課題が抽出されることになります。しかし、それらに対して個別に対策を考えることは、個別議論の集まりになってしまいます。そのため、改善の方向性が一貫せず、最悪は改善の議論そのものが発散してしまう原因にもなり、あまり得策とはいえません。

　こうした場合、さまざまな現状把握の結果を踏まえて抽出した多くの課題を要因別に統合整理することが有効です。工場の生産性などアウトプットを左右する要因には、設計や品質、設備、作業、物流、レイアウト、管理などが挙げられます。これらの着眼点を踏まえて、例えば「設計上の課題」など、要因別に抽出された課題をまとめることが、ここでいう課題の統合整理となります。

　例えば、物流上の課題を検討するときに「荷姿調査」と「荷姿入れ替え調査（箱から出す、別の箱に入れ替える、包装を解くといった動作が、部品ごとにどこで何回発生したのかを調べるもの)」、そして「部品供給の調査（部品が、どこに、どのような経路・距離で供給されているかを調べるもの。部品供給線図)」の結果があったとします。

　荷姿調査の結果、「部品の80％に段ボール箱が使用されている」、「段ボール箱の70％が廃棄されていて通函化（通い箱ともいわれ、部材メーカーとの間でのものの輸送や、拠点間でのものの輸送などに繰り返

し使われる箱のこと）できていない」、「個装（個別包装）の60％に新聞紙が使われている」といった課題が出てきたとします。

荷姿入れ替え調査の結果、「工程の途中で大箱から小箱に入れ替える、工程の途中で個装を開けるといった荷姿の入れ替えが、部品の50％に及んでいる」、あるいは「30％の荷姿入れ替えが、工程の作業者が作業を止めて行っており、主たる作業に専念できていない」といった課題が出てきたとします。

そして、部品供給の調査の結果、「A製品の組み立てに合計1000mもの搬送距離がある」、「荷姿入れ替えの作業を行うために、ものの移動が合計200mも発生している」、あるいは「レイアウトの構造が良くないため、不要な人の移動が300mもある」といった課題が出てきたとします。

これら個別の課題を集約し、物流上の課題として俯瞰して考えると、「段ボールや新聞紙の廃棄が多く、付加価値のない状態が多く存在している」、「それらにより荷姿の入れ替え作業が増大して、作業者の負担が増えている」といった、大きな視点での課題に集約することができます。こうして統合整理された物流上の課題を考えることで、工場は本質的に何をすべきなのか、大局的な視点から改善の方向性を検討することができるようになるのです。

[3] あるべき姿の作成

多角的に現状把握を行い、そこから出てきた多くの課題を要因別に統合整理すれば、次は即、改善開始かというと、そうはなりません。もう1つだけ考えるべきことがあります。いきなり改善活動に入るのではな

く、まずは、自分たちが目指すべき工場のあるべき姿（どのような工場になりたいかという基本構想）を考えることが必要です。

　さまざまな課題を改善する場合、それぞれの改善活動を発散させずに互いに整合が取れた形で行うためには、まずは目標とする工場がどのような姿かを明確にすべきです。あるべき姿を描かずに改善活動を実行してしまうと、得てして部分最適な活動になってしまいます。

　例えば、「物流工数が多い」という課題に対し、工程への部材の搬入単位を大きくする（例えば、部材を毎回5箱搬入していたのを毎回10箱の搬入に増やす）ことで、部材の搬入回数を減らす改善案があったとします。この改善案を実行すると、物流部門としては作業の回数を半分に減らすことになり、効果があるといえます。ところが、必要以上に部材を搬入された生産現場では、増えた部材の箱で作業スペースを圧迫され、作業がやり難くなって、現場の生産性が逆に悪化してしまうこともあります。つまり、物流部門にとってはメリットがある改善である半面、製造部門ではデメリットが発生する改悪というわけです。こうした部分最適の改善活動を安易に行わないようにするために、まずは工場のあるべき姿を描くことが有効です。

　工場のあるべき姿として「スループットの最速化を狙い、工程内には一切の溜まり（ものの滞留＝余計な在庫）がない姿」を目指す場合、この例のように「現場に必要以上の部材を搬入して物流工数を削減する」といった改善案は、あるべき姿に反する活動になります。従って、こうした改善案は却下されることになります。

　ここで、ものづくりのあるべき姿を描く場合の、2つのステップを紹

介しましょう。1つ目のステップは、あるべき姿に対する「基本コンセプト」を明確化することです。基本コンセプトとは、どのような工場を目指すのかを端的な言葉で表現したもので、改善案を考えるときに、何を基軸に考えるべきかを誰もが分かりやすくする効果があります。

　牛丼チェーン店の「うまい、安い、速い」といったキーワードは、この基本コンセプトの良い事例だと考えてください。このチェーン店では、あらゆる作業や改善活動が「うまい」「安い」「速い」を追求することを基軸に考えられているのです。こうした基本コンセプトがあるために、さまざまな取り組みが行われる中でも、方向性が定まった取り組みが可能になるのです。

　工場においても同様で、「速い（作業が速い）」「溜まりがない（余計な在庫がない）」「軽い（自在に生産対応できる）」「見える（あらゆる現状が可視化されている）」といったキーワードが基本コンセプトとして挙げられます。現場にいる全ての作業者たちが、これから目指す工場のあるべき姿を分かりやすく認識できることがポイントになります。

　2つ目のステップは、基本コンセプトを中心に、工場の生産性などのアウトプットを左右する要因の項目ごとに、具体的な肉付けを行うことです。ここで要因とは、ものづくり全体や設計、品質、設備、作業、物流、レイアウト、管理などが挙げられます。

　例えば、基本コンセプトとして、「軽い、速い、見える」を設定した場合、「ものづくり上の基本構想」においては、フットワークを軽く、素早くものを次工程に流すことを基本に考えることになります。「前後の工程を徹底して同期させる」、あるいは「一個流し生産を実現する」と

いったものが、あるべき姿の具体的なイメージとして出てきます。

　基本コンセプトを中心に、ものづくりはどうあるべきか、設計はどうあるべきか、工場のレイアウトはどうあるべきか、作業のやり方はどうあるべきかといったことを考えるのです。こうした視点で、品質や設備、作業、物流、管理など、それぞれの項目においても具体的に目指す姿を明確にしてください。

[4]　あるべき姿を実現するための改善

　工場の現状把握によって抽出された課題を統合整理し、さらに目指すべき工場のあるべき姿が明確になれば、後は、通常の改善活動と同様に改善を進めていきます。重要なことは、全体最適の視点です。限られた視点で課題を設定し、工場の全体像を考えずに闇雲に解決に向けて突き進んでいくだけでは、工場の大きな変革は難しいということを工場マネージャーは強く意識しておかなければなりません。

　そのためには、「総合改善」の取り組みが必要です。視野狭窄にならないように、多角的な視点で現状把握を行う。さらに、改善活動が部分最適になったり発散したりしないように、全体視点で課題を統合整理する。そして、工場のあるべき姿を実現するための基本コンセプトを明確にする。これらを通して、全体最適である大きな工場変革を実現するのです。こうした取り組みを筆者は総合改善と呼び、推奨しています。

第4章

工場の稼ぐ力を世界レベルに引き上げる

第4章 工場の稼ぐ力を世界レベルに引き上げる

4.1 製造原価の構造を理解せよ

4.1.1 工場マネージャーが把握しておくべき原価の必要性

　工場が企業にとって利益を生み出す源泉になるためには、適切な原価管理を行う必要があります。工場マネージャーであれば、各作業に必要な時間や各工程の生産能力については把握していると思います。しかし、自分たちの工場で生産した製品がいくらで生産されているのか（製造原価）、そして、それらを販売していくらの利益を得ているのか、ということまでは把握していないケースが珍しくありません。

　ここでは、工場マネージャーが知っておくべき原価の基本的な知識について解説します。細かな原価管理の手法論ではなく、経営を預かる工場マネージャーとして必須の知識です。自分たちの工場がどれくらいの利益を生み出して会社に貢献しているのかをしっかりと把握して管理しなければ、そもそも利益に貢献できる工場にはなれません。そのことを念頭に置いて読み進めてください。

　第1章では企業の利益について、財務会計の視点で財務諸表（財務三票）、すなわち損益計算書と貸借対照表、キャッシュフロー計算書の概念を解説しました。これらは、一般には企業の外部の利害関係者に対し、企業の財務状態や経営成果などに関する情報を提供するために作られたものです。どの企業でも決められた会計基準に基づいて作成されています。そのため、客観的に企業の経営状態を把握するには、とても分

かりやすいものです。

　この第4章では、企業の利益や、工場や各製品が生み出す利益について管理会計の視点で、製造原価と個別の製品利益の概念を解説します。管理会計とは、企業の内部においてその企業の内部情報を分析し、活用するための会計手法です。そのツールとして活用される製造原価明細書などは一般的な体裁はあるものの、細かな内容は各企業によって違いがあるので注意が必要です。本書では、よく使われている考え方を中心に解説します。

4.1.2　なぜ原価管理が必要か

　工場マネージャーや工場マネージャーを目指す人は、自分の工場で生産している製品が企業の利益にどれくらい貢献しているかを把握しなければなりません。利益への貢献度合いを踏まえて、販売をやめる製品や、販売を拡大させる製品、値上げする製品、原価改善する製品を判断します。原価を把握していなければ、こうした重要な経営判断を適切に行うことができません。

　図4-1の計算式は、原価と売価の関係を示したものです。製品を生産するために、かかった原価に利益（儲け）を加えたものが売価（販売すべき売価）になります。原価が分からなければ、いくらで販売すべきかを決めることができません。当然ながら、利益がどれくらい得られるかも分かりません。

　この計算式を少し変えてみると、売価から、その企業が得るべき利益（儲け）を引いたものが、実現すべき原価だといえます（図4-2）。売価

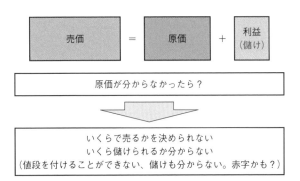

図 4-1 ●原価が分からなければ、売価が決まらない
（出所：筆者）

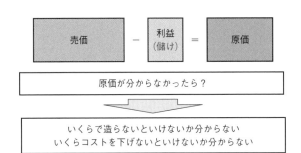

・原価が分からないと正しい見積もりができない
・コスト削減に取り組もうとしても、どこから手を付けたらよいのか、手の付けようがない
・次期の予算も計画も立てようがない
　　　→行き当たりばったりの経営になる
　　　　（原価を知ることは、ビジネスのスタートとなる基本である）

図 4-2 ●原価が分からなければ、適切な利益が得られない
（出所：筆者）

が決められているとすると、原価が分からなければ、目標とすべき利益を得られているか否かが分かりません。加えて、現時点で原価が分からなければ、適切な利益を得るために、どのくらいの原価改善をしなければならないのかも分かりません。原価が分からないと、正しい見積もり

もできなくなり、コスト削減に取り組もうとしても、どこから手を付けたらよいのかさえも分からず、全くのお手上げ状態になります。

　こうした工場では、来期の計画を立てようとしてもうまく立てられません。計画の根拠となる数字が不明確だからです。こうなると、工場はいわゆる「行き当たりばったりの経営」になってしまいます。原価の管理は、企業運営、そして工場運営の基本ともいえるものなのです。

4.1.3　原価の構造を知る

　原価は大きく材料費と加工費、販管費（販売費と一般管理費）、利益に分かれます（図4-3）。一般に、製造原価とは販売価格から利益と販管費を引いたものを指します。つまり、製造原価は材料費と加工費の合計ということになります。加工費は、さらに労務費と設備費、経費に分かれます。

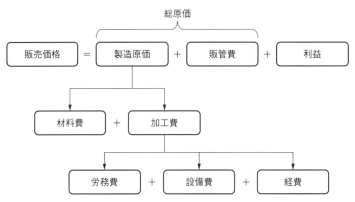

図4-3 ●原価の構成
（出所：筆者）

4.1.3.1 直接費と間接費

原価を構成する費目は、大きく直接費と間接費に分かれます。製造原価の項目である材料費と加工費も同様に、それぞれ「直接費」と「間接費」に区分することができます。従って、材料費であれば、直接材料費と間接材料費に区分されることになります。直接材料費とは、製品を生産するために使われ、直接的に製品（製品の一部）へと姿を変える類の材料にかかる費用を指します。これに対し、間接材料費とは、梱包資材やテープ類、設備に使うオイルやグリスなど、複数の製品に共通して使われる材料を指します。

加工費も同様にそれぞれ、直接設備費と間接設備費、直接労務費と間接労務費、直接経費と間接経費に分かれます。直接設備費とは、製品を生産するに当たって直接的に使われる設備の費用を指します。プレス機などの加工設備や部品を組み上げる組み立て設備などがこれに該当し、一般に時間当たりの償却費が直接設備費に相当します。

一方で、間接設備費（共通設備費ともいいます）は、工場の建屋や工場内で共通で使用するボイラーや電気系統設備など、ユーティリティーのような設備にかかる費用を指します。これも一般に、該当する設備の時間当たりの償却費が間接設備費に相当します。

直接労務費とは、製品を生産するに当たり、直接的に作業に従事する作業者の人件費を指します。これに対し、間接労務費とは、直接的に生産活動するわけではないものの、生産計画を立てたり、品質管理を行ったりする間接人員の人件費を指します。

直接経費とは、その製品を生産するに当たって直接的に支出した経費

のことです。例えば特許権の使用料など、その製品を生産するに当たり、「1製品当たり何円」といった形でかかる費用を指します。これに対し、間接経費とは工場の運営そのものに関わる修繕費やさまざまな備品などの費用を指します。

　直接費は、それぞれどの製品の生産にかかったのかを明確に示すことができる費用です。これに対し、間接費はどの製品の生産にどれだけかかったのかを個別に把握することが難しい費用です。

　例えば、直接労務費は現場の作業者が1時間かけて作業をしたのであれば、人件費が1時間分だけかかるといった具合に、明確な形で費用を考えることができるものです。これに対し、間接労務費は物流部門の作業者たちがさまざまな製品を工場内で右へ左へと運んでいるため、ある特定の製品の運搬にどれだけの時間をかけたのか、明確には算出することが難しいものです。従って、一般に間接費であるさまざまな費用（上記の事例にある物流部門の費用など）は、一定の基準で各製品に割り当てる配賦という形で製品にかかる間接費を考えることになります。

4.1.3.2　変動費と固定費

　原価の区分には、直接費と間接費の考え方のほかに、もう1つ重要な区分があります。それは変動費と固定費という考え方です（図4-4）。

　変動費とは、製品の販売量（生産量）に比例し、その費用合計が増減するものです。直接材料費は変動費の代表例です。例えば、製品を1個生産するのに、直接材料費が100円必要であれば、製品を100個生産するためには100円×100個で合計1万円が必要になります。逆に、製品

変動費：製品の販売量（生産量）につれてその必要量が変動する原価要素
固定費：販売量（生産量）の増減に関係なく発生する原価要素

図 4-4 ● 固定費と変動費
（出所：筆者）

が全く生産されなかった場合には、直接材料費はゼロ円になります。工場における変動費は、主にこの直接材料費と外注加工費が該当します。

　固定費とは、製品の販売量（生産量）とは関係なく、その費用が発生するものです。例えば、直接労務費が固定費の代表例です。工場において、作業者が全て正社員で一定の月給を支払わなければならない雇用形態の場合、生産量が多かろうが少なかろうが、必ずその一定の労務費（人件費）が発生します。また、設備の償却費（設備費）も同様に、生産の有無にかかわらず、一定の償却費が常に発生します。そのため、固定費は生産が多くても少なくても一定の金額が発生するという特徴があります。

　この特徴から、例えば毎月 1000 万円の固定費が発生する工場において、月に 1 万個の生産をした場合、製品を 1 個生産するために必要な固定費は 1000 万円÷ 1 万個＝ 1000 円になります。この工場において、月の生産量が 100 個であった場合には、その月に製品を 1 個生産するために必要な固定費は、1000 万円÷ 100 個＝ 10 万円になります。

　変動費が個数に関係なく製品 1 個当たりにかかる費用が同じであるのに対し、固定費はたくさん生産すれば 1 個当たりにかかる費用は小さくなり、逆に、少なく生産すれば 1 個当たりにかかる費用は大きくなるの

です。

　加工工程における設備の修繕費のように、固定費と同じく一定の金額が発生すると同時に、生産量の増減にある程度比例してその金額が増減するような、少し微妙な費用も存在します。また、燃料費や水道光熱費のように、基本料金として一定の金額が発生する要素と、使用量の増減にある程度比例して金額が変動する要素と、双方の特徴を併せ持つ費目もあります。これらは、変動費の側面が強ければ準変動費と呼ばれ、変動費に準じると考えます。固定費の側面が強ければ準固定費と呼ばれ、固定費に準じると捉えます。

　「修繕費の何と何は変動費、何と何は固定費」といった具合に、詳細を個別に判断して固定費か変動費かを考えることは極めて煩雑なので、ざっくりと「修繕費の半分は固定費、半分は変動費」、「水道代の2割は固定費、8割は変動費」といった具合に単純化して考えることもあります。

　なお、製造原価を考える場合は、材料費と加工費を構成するそれぞれの費目を、固定費と変動費に分けます。また、総原価を考える場合は、製造原価で考えた区分に加え、販管費を構成するそれぞれの費目を、同様に固定費と変動費に分けます。

4.1.3.3　損益分岐点図

　固定費と変動費の特徴を理解するための有名な図があります。これは損益分岐点図と呼ばれ、横軸は販売数量、縦軸は金額を表しています（図4-5）。原点から斜めに走る線は売上高線で、その名の通り売上高を

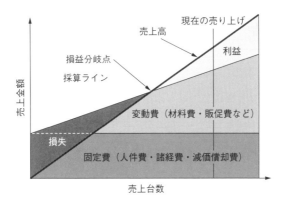

図 4-5 ● 損益分岐点図
（出所：筆者）

意味しています。販売数量が増えるにつれて、比例して売上金額も増えることを示しています。

　固定費線は固定費の発生額を示しています。固定費は理論上、販売量の増減とは関係なく一定の金額が発生するものなので、売上高の数量にかかわらず、一定の金額が発生することを示しています。

　そして、**変動費線**は変動費の発生額を示しています。変動費は販売数量に比例して発生するものなので、販売数量が増えるにつれて比例的に増加しています。ただし、販売量がゼロの時に、グラフでは金額ゼロ円のところからスタートしていないのは、原価が固定費＋変動費で計算されるからです。販売量がゼロの時の固定費の発生額のところから変動費線をスタートさせることにより、変動費線がそのまま**総費用線**（固定費＋変動費）になるため、便宜的にこのような書き方をしています。

　売上高が総費用よりも多い場合、売上高から総費用を引いたものが利益（営業利益）になり、逆に、総費用が売上高よりも多い場合は、売上

高から総費用を引いてマイナスになった分が損失（営業損失）となります。すなわち、売上高線と総費用線の差分が、利益（もしくは損失）となります。

　この関係を理解した上で損益分岐点図を見ると、販売数量がゼロから徐々に増えていくにつれ、売上線と総費用線も徐々に増えていきますが、ある販売数量になったところで売上線と総費用線が交差するポイントが出てきます。

　販売数量が少ない場合、その生産にかかった原価（変動費と固定費の合計額）よりも、売上額の方が小さくなるため、図では総費用線の方が売上先線よりも上側に来ることになります。これは、売り上げの額よりも総費用額（生産にかかった原価）の方が大きい、すなわち赤字を意味しており、販売数量が少なければ企業は赤字になるという当たり前の状況を示しています。

　販売数量が増えていくと、ある販売数量のポイントで、売上線の方が総費用線よりも上側に来ることになります。これは売上額の方が総費用額（生産にかかった原価）よりも大きくなる、すなわち黒字になったことを示しています。この赤字から黒字に転換する節目となる販売数量を**損益分岐点**と呼び、損益分岐点に下回る販売数量であれば赤字であり、損益分岐点を上回る販売数量であれば黒字であることを示しています。

　この図を理解すると、企業においてどれくらいの固定費が存在しているのか（固定費の総額）と、製品を1個生産するに当たってどれだけの変動費がかかっているのかを把握できます。これらと、販売数量と売価から得られる売上額とを対比させることで、その企業の利益を計算でき

るようになります。

　つまり、企業において固定費の総額と製品1個当たりの変動費額を正しく把握しておけば、販売数量さえ確定すると、その企業の利益も確定するのです。そのため、企業において利益創出の重要な役割を担う工場マネージャーは、自分の工場で発生している費用の中で、固定費と変動費を常に正しく把握しておくことが求められるのです。

　なお、損益分岐点図で企業の利益（営業利益）を考える場合、固定費は、製造原価に含まれる固定費と、販管費に含まれる固定費を合わせたものを使います。同様に、変動費は、製造原価に含まれる変動費と、販管費に含まれる変動費を合わせたものを使用します。

　工場が生み出す利益（製造業では売上総利益または「粗利」と呼ばれ、売価−製造原価で計算されます）を考える場合、固定費は、製造原価に含まれる固定費のみを使います。同様に、変動費は製造原価に含まれる変動費のみを使用します。工場が生み出した利益、すなわち粗利から販管費を引いたものが営業利益になることは第1章で解説した通りです。

4.1.3.4　限界利益という考え方

　原価を考える上で、極めて重要な概念に限界利益があります（図4-6）。限界利益とは、売上高から変動費を引いたものを指します。この限界利益から固定費を引いて残ったものが利益になるという構造になっています。

　売上高が2倍になった場合に、原価はどうなるかを考えてみます。固

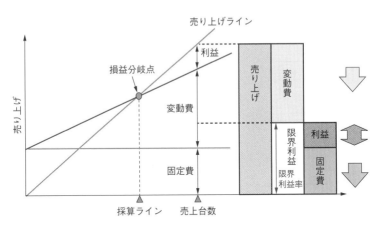

図 4-6 ● 限界利益
（出所：筆者）

定費は売り上げの増減には関係ないので一定です。それに対し、変動費は売上高が2倍になると理論上は変動費も2倍になります。これは、販売につながる生産量が2倍になるので、例えば直接材料費は2倍になると考えると分かりやすいと思います。同時に、限界利益も2倍になります。2倍になった限界利益から固定費を引いたものが利益になるので、限界利益が増えるにつれて利益も増えるという構図になります。

　この関係から、利益を確保して増やすためには、まず売り上げの拡大が必要になります。加えて、利益を稼ぎ出すための基となる限界利益を大きくするために、売上高に占める変動費を削減することが必要になります。また、限界利益から差し引かれることになる固定費を削減することも必要になります。

　つまり、企業の営業利益を適切に管理し、工場においては売上総利益（粗利）を適切に管理するためには、変動費と固定費、限界利益の3つの

数字を適切に把握し、継続的に変動費と固定費の削減に取り組むことが求められるのです。

図4-6とは異なり、企業において単一の製品を販売しているのではなく（工場において単一の製品を生産して販売に供しているのではなく）、複数の製品を生産・販売している場合は、それぞれの製品ごとの売上高と、それぞれの製品ごとの変動費を把握すると、それぞれの製品から得られる限界利益を算出できます。

ある製品において、製品1個当たりの売価から、製品1個当たりの変動費を差し引くと、製品1個当たりの限界利益が計算されます。それを製品の販売量で掛け算することで、その製品から得られる限界利益の総額を計算することができます。

こうして製品ごとに得られた限界利益を全て足し算したものが、その企業（工場）の限界利益の総額になります。限界利益の総額から、その期間に発生した固定費の総額を差し引くと、その企業における営業利益（あるいは工場における売上総利益）が計算されます。

こうした利益管理の手法を直接原価計算と呼びます。これは、原価の費目を固定費と変動費に区分し、変動費には各製品で発生した実際の値を、固定費にはその期間に発生した費用の総額を使って利益を計算する手法です。

4.1.3.5　直接原価計算と全部原価計算

直接原価計算は、売上高（総額）から各製品で発生した変動費（総額）を差し引いた限界利益（総額）から、その期間に発生した固定費の総額

を差し引いて、利益の総額を計算する手法です（図4-7）。これに対し、全部原価計算は、固定費も各製品に対して割り当てて、製品ごとの利益を計算する手法です。そのため、全部原価計算の表では、製品ごとの利益が計算されています。これは、一見するとそれぞれの製品がいくら儲けているかを利益数字で見ることができるためにとても便利なように思えますが、実は、極めて注意を要する表になります。

　固定費はその性格上、製品1個に何円かかっているのかが切り分けにくい間接費の要素を多く含んでいます。例えば、固定費の代表例である人件費を考えると、実際に加工などを行っている直接労務費は直接費なので、製品1個に何円かかるかを明確にすることが可能です。しかし、生産管理や品質保証などを行っている間接労務費は間接費なので、製品1個に何円かかるかを明確にすることは困難です。

　そのため、固定費をそれぞれの製品に対応させるためには、何らかの基準で製品ごとに固定費を割り当てる配賦という操作が必要になります。例えば、売上高の割合に応じて固定費を配賦する、生産数量の割合に応じて固定費を配賦する、かかった直接作業者の人数に比例して固定

製品種類	A	B	C	D	合計
売上高	○○○	○○○	○○○	○○○	○○○
変動費	×××	×××	×××	×××	×××
限界利益	△△△	△△△	△△△	△△△	△△△
固定費					◇◇◇
純利益					□□□

総原価 ⇨

図4-7 ●直接原価計算
（出所：筆者）

費を配賦する、といったようにさまざまな配賦の手法があり、その企業や製品の特性、工程の特性によって使い分けられています。

便宜的に何らかの基準で固定費を配賦するため、全ての製品に対して「正しい配賦」を行うことは実際には難しく、製品によっては実態よりも固定費が多く配賦されたり、実態よりも少なく配賦されたりすることが起こります。これでは、それぞれの製品の利益が本当に正しいか否かを評価するには限界があります。

さらに、配賦の仕方を意図的に変えることによって、製品ごとの利益数字を操作することも可能になります。恣意的に選んだ特定の製品に対し、適当な理由をつけて配賦の仕方を変えると、その製品にかかる固定費を少なくすることができます。そのため、それによって計算された利益数字は実態よりも良いものになりますが、ある種の操作をして計算された信ぴょう性の低い数字になることは否めません。

こうした事情があるため、全部原価計算では本当に儲かっている製品なのか、儲かっていない製品なのかを厳密に評価することができないのです。

ところで、全部原価計算は、全ての原価要素を製品に対して配賦しているため、例えば、売価を決めるときの根拠として用いられたりすることがあります。利益管理を行う目的ではなく、別の目的のためなら使用する妥当性があるといえるものです。

一方で、直接原価計算の表を思い出してください。直接原価計算の表に入っている数字は、全て正確な数字を当てはめることができます。売上高は販売単価と販売量が決まれば正しい数字が分かります。変動費は

おおむね材料費と外注加工費なので、これも多くの場合は、正しい数字を把握することが可能です。つまり、正しい数字である売上高と、正しい数字である変動費を引いた限界利益は正しい数字になるということです。そして、固定費は総額のみを考えているので、これもまた企業や工場において正しい数字を把握することが可能です。従って、正しい限界利益の総額から正しい固定費の総額を引いた利益数字もまた正しい数字になるのです。

4.1.3.6 利益管理の考え方

それぞれの製品が、儲かっている製品なのか儲かっていない製品なのか。これを見極める鍵こそが、限界利益なのです。企業においては、限界利益の総額から固定費の総額を差し引いたものが営業利益になります。限界利益の総額が大きくなれば、固定費を差し引いた利益は大きくなり、限界利益の総額が小さくなれば、固定費を差し引いた利益は小さくなります（図4-8）。

製品種類	A	B	C	D	合計
売上高	100	100	100	100	400
変動費	60	50	40	30	180
限界利益	<u>40</u>	<u>50</u>	<u>60</u>	<u>70</u>	220
固定費					100
純利益					<u>120</u>

製品Aを「110売る」（1割販売を増やす）と利益は4増加。
製品Dを「110売る」（1割販売を増やす）と利益は7増加。

限界利益の大きな製品は、利益貢献も大きい。
（逆に、売り逃すと利益減の大きくなるが……）

図4-8 ●限界利益の大きな製品は、利益への貢献も大きい
（出所：筆者）

　限界利益の大きな製品は、販売すると限界利益の総額を大きく増加させるため、企業の利益を大きくする力がある製品といえます。逆に、限界利益の小さな製品は、販売しても限界利益の総額はあまり大きく増加しないので、利益に対する貢献が小さな製品といえます。

　そして、残念ながら限界利益がマイナスの製品、つまり売上高よりも変動費の方が大きな製品（売価よりも材料費の方が高い製品）の場合、販売すると限界利益の総額を減少させるため、利益を減らす製品になるのです。限界利益がマイナスの製品は、売れば売るほど利益を減らしてしまう製品なのです。

　この限界利益を活用すると、重要な経営的判断が可能になります。製品を販売すべきか、販売をやめるべきか、あるいは、販売を拡大すべきか、販売を縮小すべきか、といった経営判断を行う場合に、限界利益がその判断の物差しになるのです。

　例えば、限界利益の大きな製品と、限界利益の小さな製品があった場合、どちらを積極的に販売すべきか。現実には顧客との関係など多角的な判断が必要になりますが、「利益に対する貢献度合いが大きい製品」を選択したいのであれば、限界利益の大きな製品を販売すべきという結論になります。どの製品を積極的に販売すべきかを考える場合には、限界利益の大小を見比べると適切な判断ができることになります。

　逆に、限界利益が少ない製品を販売せざるを得ない場合、そのままでは利益に対する貢献が小さいため、もしも積極的にそうした製品を販売したいのであれば、限界利益を大きくするための改善対策（変動費の圧縮）を行うべきという判断もできるようになります。

　誤解されることが多いため、工場マネージャーとしては正しく理解しておくべきポイントがあります。それは「赤字であれば、販売を止めれば利益が回復する」という考えです。この考えは半分は正しく、半分は間違っています。

　前述の通り、それぞれの製品の利益は、便宜的に何らかの基準で固定費を配賦することによって計算されます。「売価（実績値）－変動費（実績値）－固定費（便宜的に何らかの基準で配賦された値）＝利益」の図式を思い出してください。

　例えば、ある製品の利益が赤字になっているとして、その製品の販売を止めると「赤字製品がなくなるので、企業の利益は好転する」とは言い切れません。

　図4-9の表を見てもらうと、赤字であっても限界利益がプラスになっている製品は、その製品を販売することで、限界利益の総額を増や

製品種類	A	B	C	D	合計
売上高	100	80	50	20	250
変動費	50	40	30	10	130
限界利益	50	40	20	10	120
固定費	35	25	25	5	90
純利益	15	15	−5	5	30

製品種類	A	B	C	D	合計
売上高	100	80	赤字なので販売しない	20	200
変動費	50	40		10	100
限界利益	50	40		10	100
固定費					90
純利益					10

？

図4-9 ●利益がマイナスの製品は売らない方がよい？
（出所：筆者）

す効果があります。限界利益の総額が増えるということは、そこから固定費を引いた利益も増えるということです。

　もしもそうした製品の販売を止めてしまうと、その製品によって得られていた限界利益の増加分がなくなるため、その分だけ限界利益の総額は小さくなります。結果、そこから固定費を差し引いて計算される利益も小さくなります。つまり、見かけ上は赤字の製品であっても、限界利益がプラスであれば、その製品の販売を止めてしまうと、むしろ利益は悪化してしまうのです。限界利益の概念を理解せずに、赤字だから販売を止めるといった安易な経営判断をしてしまうと、むしろ、さらに利益を悪化させてしまう結果になります。

　これに対し、赤字である製品が限界利益までマイナスになっているのであれば、その製品は直ちに販売を止めることによって、マイナスの限界利益がゼロになります。そのため、限界利益の総額はその分だけ増えることになり、利益も増加することになります。

　「赤字の製品を止めると利益を改善できる」という考えは、その製品の限界利益がマイナスである場合は「正しい考え」であり、その製品の限界利益が少しでもプラスである場合は「間違った考え」になるというわけです。

　このように、企業や工場で発生するさまざまな費用を、変動費と固定費に切り分けて直接原価計算の表を作成することで、多様な経営判断が可能になると同時に、適切な利益管理ができるようになるのです。

4.2　原価の構造が分かれば外注品・調達品のコストも分かる

4.2.1　原価の構造を理解する必要性

　前節で解説した原価の構造は、自社や工場で生産している製品の原価を理解するために、そして、より多くの利益を生み出すために、工場マネージャーであれば必ず知っておくべき知識だと考えてください。

　さらに、原価の構造を理解することは、取引先（調達先や外注先など）からの調達コストの妥当性を考える際にも活用できます。工場は多くの調達品（材料や部品など）を取引先から購入しており、自社製品の原価に占める調達品の比率は大きいものです。それらの調達価格が妥当なものか否かを評価することは、経営的にも大きな意味を持っています。また、外注加工を委託している場合も、その外注加工費が妥当なものか否かを評価しなければ、自社の原価を適切にコントロールすることはできません。

　適切な原価の知識がなければ、自社の原価の算定はもちろん、こうした調達品や外注加工に関わる費用の妥当性を理論的に考えることができないのです。原価の知識がないと、バイイング・パワー（取引上優位な企業の購買力）を駆使してとにかく腕力に物を言わせて値切れるだけ値切る、といった行動にもなりかねません。しかし、こうした腕力での価格交渉には限界があります。

　現在はコンプライアンス（法令順守）意識の高まりや、企業ガバナンスの重視により、適正な取引が強く求められるようになっています。取

引先への不誠実な対応は、社会的な非難の対象にもなる時代です。論理的に価格の妥当性を把握し、理詰めの価格交渉ができる工場が、これからの時代に力を持つと考えるべきです。

4.2.2　コスト査定の考え方

　取引先との調達価格の取り決めや、外注先に対する外注加工費の取り決めは、最終的には、売り手と買い手の双方の合意に基づく交渉によって決まるものです。しかし、その調達品の原価（外注加工品であれば外注加工費）はいくらが妥当なのか、といった交渉のベースになる適切なデータがあると、交渉においても論理的な議論ができるため、より強い価格交渉ができるようになります。

　こうした目的のために、調達品の原価（以下、外注加工費を含む）はいくらが妥当なのかを考えることをコスト査定といいます。コスト査定には、生産活動におけるあらゆる作業や動作のコストを緻密に積み上げる詳細なコスト査定方法から、過去の実績からの推定や相場観、見積もり比較などの簡便なコスト査定方法まで、さまざまな手法が存在します。調達品の価格が高額なものなど、重要度が高いもので、かつ取引先のコスト情報が多く入手できる場合は、緻密な査定方法を用いて精度の高いコスト査定を行います。一方で、調達品の重要度が低く、かつコスト情報があまり入手できない場合には、簡便な査定方法を用いて概数を把握するレベルのコスト査定を行うことが一般的です。

　取引先の現場に立ち入って詳細な調査を行うことができ、財務諸表などの経営数字も開示してもらえる状況であれば、かなり実態に近い、精

度の高いコスト査定が可能になります。しかし、その一方でコスト査定
が細かくかつ複雑になるため、コスト査定に多くの工数がかかってしま
うため、闇雲に行うわけにはいきません。従って、どの取引先、あるい
はどの調達品に対して詳細なコスト査定を行うべきかを、調達戦略の視
点から考えることも必要になる場合もあります。

　逆に、取引先のコストの実態が全く分からず、現場に立ち入ることも
できずに生産工程を確認することもままならない場合には、代替手段と
して簡便なコスト査定方法を取らざるを得ません。例えば、複数社から
の見積もり明細を比較して妥当なコストを推定する方法や、社会一般で
認識されている相場観に基づいて妥当なコストを推定する方法など、精
度は劣りますが、何らかの根拠に基づいてコスト査定を行います。

　なお、本節は取引先からの調達品のコスト査定をテーマに解説します
が、自社の製造原価を算定するときにも活用できる考え方です。「自分
の仕事は取引先からの調達品のコストを考える仕事ではないので無関係
だ」と捉えて読み飛ばさずに、確実に理解してください。

4.2.3　簡易コスト査定の考え方

　取引先が自社のことを「重要な取引先」と位置付けているのであれ
ば、詳細な工程確認や、経営数字の確認などは相当程度可能だと考えら
れます。しかし、工程の簡単な確認程度には応じてくれるものの、経営
の詳細や、あまり細かな情報は開示してくれないケースは間々ありま
す。こうした比較的よくあるパターンの取引先に対して行う「簡易コス
ト査定」を紹介します。工程確認や現物確認を前提とした考え方なの

原価区分			原価要素		費目例	区分
売価	総原価	製造原価	材料費	直接材料費	原材料・購入品	外部原価
				外注加工費	外注品材料費・加工費	
			加工費	労務費 直接労務費	賃金・賞与・退職金・福利厚生費	付加価値
				設備費 直接設備費	設備・建物償却費	
				製造間接費	直接設備費・直接労務費以外の加工費の全て 工場管理費、間接材料費、共通設備費など	
				付加加工費	個別工具・専用設備・金型	
				運賃	車両費・燃料費	
			一般管理販売費		管理部門・販売部門の労務費・設備などの費用	
		利益				

図4-10 ●簡易コスト査定で活用するコスト構成表
（出所：筆者）

で、複雑なユニット品などでは査定が難しい場合もありますが、一般的な機械加工品や組み立て品など、多くの調達品で広範囲に活用可能な考え方です。簡易コスト査定では、前節で解説した、原価の構造をベースにした「コスト構成表」の枠組みを用います（**図4-10**）。

4.2.3.1 総原価

売価から利益を差し引いたものが総原価です。自社であれば分かることでも、取引先など他社の場合は、その会社が一体どれくらいの利益をその製品や加工作業によって得ているのかを知ることは困難です。

取引先の財務諸表を入手できる場合は、その取引先の会社全体としての利益額（利益額÷売上高で利益率を計算可能）を知ることができます。その利益率が業界水準から大きく乖離していない場合は、コスト査定において取引先の実際の利益率を活用します。

財務諸表を入手できない場合は、業界水準など社会通念上、妥当と思

われる標準的な利益率を活用します。これは、いわゆる不当な「買い叩
き」をしないための考えです。例えば、売価が1000円の場合、金属製品
製造業の平均利益率は2.7％（約3％）なので、売価1000円には3％の
利益が含まれていると考えるのです。従って、1000÷1.03＝970円が推
定される総原価となります。

4.2.3.2　製造原価

　「総合原価」から販管費（販売費と一般管理費）を差し引いたものが
製造原価です。個別製品に一体いくらの販管費がかかっているかは、分
からないことが普通です。しかし、取引先の財務諸表が入手できる場合
は、販管費が記載されているので、販管費÷売上高で販管費率を計算す
ることができます。そのため、売価に対して販管費率を乗じた金額が販
売費だと推定することができます。

　販管費は、その企業の経営方針によって原価に占める比率が大きく異
なるものです。そのため、実際の販管費率を活用する場合と、その取引
先が属する業界の平均的な販管費率を活用する場合とがあります。コス
ト査定においては、その取引先の実態を尊重するのであれば、実際の販
管費率を活用します。一般的な販管費率を念頭に考えるのであれば、そ
の会社が実際にいくら販管費を使ったのかを考えずに、平均的な販管費
率を活用することになります。

　例えば、売価が1000円で総原価が970円の場合、その業界の平均的
な販管費率が売価に対して20％程度であるならば、1000×20％＝200円
を販管費と推定します。売価の1000円から利益の30円、さらに販管費

の200円を差し引くことで、製造原価は770円と推定できます。

4.2.3.3 材料費と加工費

　製造原価は、「材料費」と「加工費」の2つに区分して考えます。なお、ここでいう「加工費」は、切削や塗装、鋳造など、いわゆる加工作業にかかる費用だけではなく、組み立てや検査などにかかる費用の全てを含んだ広い意味での「加工費」であることに注意してください。本節の説明で使用している「加工」とは、全ての作業を含んだ総称と定義して解説しています。

　材料費は、ここでは直接費である「直接材料費」と「外注加工費」を考えます。その理由は調査が可能だからです。取引先から納品された調達品や仕様書を確認すれば、どの材料をどれくらい使ったかを推定できます。しかし、間接材料費などは、取引先の社内でどれくらい使われているかを把握することは簡単ではありません。そのため、調査が可能な直接費用（直接材料費と外注加工費）のみをコスト査定の対象と考えるのです。

　加工費は、さらに労務費と設備費、そして製造間接費の3つに区分して考えます。労務費と設備費は、材料費と同様に、ここでは「直接労務費」と「直接設備費」のみを考えます。そして、直接労務費以外の間接労務費、直接設備費以外の間接設備費（共通設備費）、間接材料費、工場管理費など、直接費用以外の全てをひっくるめたものを製造間接費と考えます。

　材料費と同様に、直接労務費は、現場でどの人がどれくらいの時間を

かけて何をしているのかを、観察すれば把握することが可能です。直接設備費も、現場でどのような設備を使ってどれくらいの時間をかけて加工しているのかを、観察すれば把握することが可能です。これに対し、間接労務費や間接設備費（共通設備費）、その他の工場管理費などは、外部の人間が現場で確認しても実態を把握することが難しい費用です。そこで、それらをひとまとめにした製造間接費という概念を使います。

　製造間接費は、同じ業界であれば似たような生産方式や管理方法を使っているため、似たような水準の費用が発生するものです。そのため、現場で実態を把握することが難しい製造間接費については、その取引先が属する業界や企業規模に応じた、平均的な数値を考えることで製造間接費を推定することができます。

　コスト査定においては、製造間接費は、取引先の製造間接費の水準を活用する場合と、その取引先が属する業界の平均的な製造間接費の水準を活用する場合とがあります。

　厳密には、加工費の中には「付加加工費」もあります。付加加工費とは、特定の製品に対して限定的に使われる工具や金型などの費用を指します。製品1個当たりいくらと算出可能な費用であるため、それらは個別に加算して加工費を考えるのです。

　これが基本のコスト構成表の考え方です。簡易コスト査定では、取引先の現場を確認して把握することが可能な直接費用と、把握することが難しい間接費用とを切り分け、直接費用は実態を踏まえてコストを推定します。また、製造に関わる間接費用は全て製造間接費の概念で、その取引先が属する業界水準、あるいはその取引先の実際の数字を用いてコ

ストを推定します。そして、製造以外に関わる費用、すなわち販管費についても同様に、その取引先が属する業界水準、もしくはその取引先の実際の数字を用いてコストを推定します。

　非常に簡便な方法ですが、適切に運用することにより、実際の原価に近い精度の高い査定が可能になるとても有効な考え方です。こうしてコスト査定を行うと、取引先が主張する原価に対し、自社がコスト査定をして妥当だと考える原価を論理的に投げ掛けることができるため、非常に強い価格交渉を行うことができるようになります。こうした取り組みを理論購買と呼びます。

4.2.4　基本的な原価の算出

　先のコスト構成表を書き直すと図4-11のようになります。製造原価に一定の販管費率や利益率を加算して、最終的な販売価格が計算されます。一方、製造原価は、材料費と加工費に分かれ、加工費は労務費と設備費に分かれるというのが基本的な構造です。前述の通り、加工費において労務費は直接労務費を、設備費は直接設備費を考えます。しかし、これでは直接費用のみが計算されるため、間接労務費や間接設備費（共通設備費）といった間接費用の問題が発生してしまいます。そこで、新たな概念として製造間接費比率という考え方を使います。

　製造間接費比率は、工場における間接費と直接費の比率を指しており、製造間接費÷（直接労務費＋直接設備費）＝製造間接費比率として計算します。現場や現物の確認で直接費が推定できると、製造間接費比率を用いて間接費が推定できるようになります。

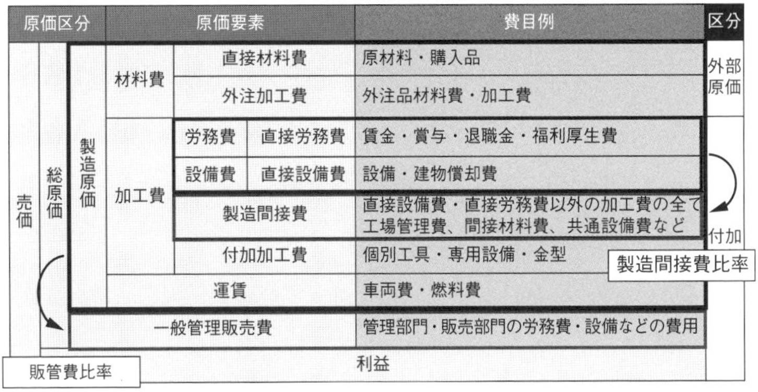

原価区分		原価要素		費目例	区分
売価	総原価	製造原価	材料費 直接材料費	原材料・購入品	外部原価
			材料費 外注加工費	外注品材料費・加工費	
			加工費 労務費 直接労務費	賃金・賞与・退職金・福利厚生費	
			加工費 設備費 直接設備費	設備・建物償却費	付加
			加工費 製造間接費	直接設備費・直接労務費以外の加工費の全て 工場管理費、間接材料費、共通設備費など	
			加工費 付加加工費	個別工具・専用設備・金型	
			運賃	車両費・燃料費	
		一般管理販売費		管理部門・販売部門の労務費・設備などの費用	
		利益			

製造間接費比率

販管費比率

図 4-11 ●製造間接費比率と販管費比率
（出所：筆者）

製造間接費比率は、財務諸表からでは分かりませんが、製造原価明細など、ある程度の財務情報を入手できる場合は、実際の製造間接費比率を計算できます。製造間接費比率の算出に必要な財務情報を入手できない場合は、その取引先が属する業界の平均的な数値を用いることもあります。こうした業界の平均値は、さまざまなシンクタンクなどから情報発信されているほか、財務省や経済産業省、中小企業庁などが公開している統計データからも入手可能です。

また、別の簡便法として、費用の多くを占めると想定される人件費に着目し、取引先の直接人員数と間接人員数の比率を計算し、製造原価の総額に乗じることで、便宜的に製造間接費比率を算出する方法もあります。

例えば、間接費が1億円、直接費の総額が2億円かかっていた工場であれば、製造間接費比率は1億円÷2億円＝50％と計算されます。これは個別の製品や作業はともかく、その取引先では直接費の発生金額に対

し、その費用の約50％に相当する間接費が発生していることを意味します。この製造間接費比率を活用すると、取引先の現場を確認して直接費を把握することができれば、その直接費に50％を割り増しした金額を考えれば、平均的な間接費が加味された加工費の総額を推定できるのです。

こうした製造間接費比率の推定値を持っていると、仮に、取引先が業界水準の製造間接費比率よりも多くの製造間接費が発生していると主張した場合に、なぜ業界水準よりも多くの製造間接費がかかっているのか「納得できる理由や根拠を示してほしい」といった切り返しが可能になります。そして、「説明に納得できれば高い製造間接費比率を認めるが、説明に納得できなければ認めない」ということになります。

製造間接費が業界水準よりも多くかかるということは、間接作業の効率や生産性が低かったり、間接材料費や間接経費などがムダにかかっていたりする可能性が考えられます。買い手、すなわち調達する側の立場から考えると、そうした取引先の業務の質の低さでコストが余計にかかっていることを認めて割高な対価を払う筋合いはないということになります。もちろん、業界水準よりも多く発生している製造間接費によって魅力的な付加価値が生まれている場合や、その内容を聞いて「確かに必要だ」と納得するものであれば、実態を是認します。しかし、付加価値を生んでいるとは思えず、必要性も納得できないのであれば、価格交渉の際にその点を突いて議論すればよいのです。

なお、原価計算の実務においては、直接労務費と直接設備費の合計額に対して製造間接費比率を乗じる手法と、直接労務費に対して製造間接

費比率を乗じ、さらに直接設備費に対しても製造間接費比率を乗じる手法の両方があります。ただ、数学的には全く同じことなので、使いやすい方を選べばよいと思います。もう少し詳しく説明すると、直接労務費に関係する製造間接費と、直接設備費に関係する製造間接費とが異なることもあり、その場合は、後者の計算手法を用いて労務費と設備費をそれぞれ推定することはあり得ます。しかし、コスト査定が煩雑になるために実務的にはあまり行われません。

4.2.5　チャージ(賃率)の考え方

　原価計算で必ず覚えておくべき基本的な概念があります。それはチャージ（賃率やレート、あるいはレシオとも呼ばれます）というものです（図4-12）。チャージには労務チャージと設備チャージの2種類があります。労務チャージは単位時間当たりの直接労務費を示し、「50円/分」や「3000円/時」といった形で表されます。設備チャージは単位時間当たりの直接設備費を示し、「5円/分」もしくは「300円/時」といった形で表されます。

　そして、直接労務費は労務チャージ×所要工数で算出され、直接設備費は設備チャージ×所要時間で計算されます。例えば、1分50円の労務チャージの工場において、作業に5分かかったのであれば、50円×5分＝250円が直接労務費になります。同様に、1分5円の設備チャージを持っている設備を10分間動かしたとすると、5円×10分＝50円が直接設備費になります。

　原価を考えるときには、労務チャージと設備チャージという基本的な

チャージ（賃率）の考え方：コストの基本中の基本
（1）労務チャージ：単位時間当たりの直接労務費
（2）設備チャージ：単位時間当たりの直接設備費

| 直接労務費 | ＝ | 労務チャージ | × | 所要工数 |

| 直接設備費 | ＝ | 設備チャージ | × | 所要時間 |

所要工数：人の立場からみた加工に要する時間
所要時間：もの、設備の立場からみた加工に要する時間

1分50円の作業者が
5分働くと250円かかる。

1分5円の設備を
10分動かすと50円かかる。

図4-12 ●チャージ（賃率）の考え方
（出所：筆者）

　値があり、それに加えて、人がどれくらい働いたのか（時間）と設備が
どれくらい働いたのか（時間）を、現場で実態を確認することで、それ
ぞれ直接労務費と直接設備費を推定（計算）できるようになります。

　なお、この労務チャージと設備チャージは、直接費の推定に用います
が、前述した製造間接費比率を活用すると、直接費を推定する過程で間
接費を織り込むことも可能になります。 具体的には、実際に発生して
いる労務チャージに製造間接費比率を乗じると、間接費込みの労務
チャージを計算することができます。同様に、実際に発生している設備
チャージに製造間接費比率を乗じると、間接費込みの設備チャージを計
算することができます。間接費込みのチャージを用いると、直接作業者
の所要工数や直接設備の所要時間を現場で把握することで、間接費込み

の労務費と設備費を推定することができます。

　例えば、1分50円の労務チャージの工場において、この工場の製造間接費比率が50％であれば、便宜的に製造間接費込みの労務チャージは、50円/分×（1＋0.5）＝75円/分（0.5が50％分の割増しに相当します）となります。作業に5分かかったのであれば、75円×5分＝375円が製造間接費込みの労務費になります。

　チャージの概念は、企業によって直接費のみを考える場合と、間接費を織り込んで考える場合とがあります。そのため、チャージが直接費のみを指しているのか、間接費を織り込んだものを指しているのかを明確にしておく必要があります。これらを間違うとコスト査定の計算が大きくずれてしまうので注意が必要です。

4.2.6　労務チャージの計算の仕方

　労務チャージは、その企業で発生した人件費を労働時間で割り算したものです（図4-13）。

　発生した人件費は、いわゆる作業者の「賃金（所定内賃金と所定外賃金の合計）」と、付帯人件費と呼ばれる、企業が賃金以外に負担しているさまざまな費用（例えば賞与や退職金引当金、通勤費、法定福利費など）の合計です。

　取引先の財務諸表が入手できる場合は、労務費（賃金の総額）に対して、付帯人件費相当の費目がどれくらいかかっているかを把握できます。従って、（付帯人件費に相当する費目の合計）÷（労務費の総額）＝付帯人件費比率を計算し、賃金×（1＋付帯人件費比率）という形で、付帯

$$労務チャージ（費率）＝\frac{〔年間直接・間接工職務別賃金×（1＋付帯人件費比率）〕}{（年間就業時間×直接時間比率）}$$

図4-13 ●労務チャージの考え方
（出所：筆者）

人件費込みの人件費を計算します。

　取引先の財務諸表が入手できないなど、その企業における付帯人件費比率が分からない場合は、おおむね付帯人件費比率を50％として考えるとよいでしょう。例えば、賃金の年収分（月給×12カ月）に対して付帯人件費比率を50％で考えた場合には、賃金を1.5倍して付帯人件費込みの人件費を算出します。これは企業が従業員に対して支払っている給料を1.5倍した費用が、実際の企業が負担している費用になることを意味しています。

　なお、人件費のベースになる賃金は人によって異なるため、個別の作業者それぞれで考えるのではなく、その企業の平均値を用いることや、業界の平均値を用いるのが一般的です。

　年間の労働時間は、「年間就業時間」で計算されます。厳密には、年間就業時間に直接時間比率を乗じて考えます。直接時間比率とは、直接時間÷年間就業時間で計算されるものです。第3章で解説した「人時間」の概念を思い出してください。

　一般に、作業者は直接作業（実際の生産活動）以外にも、さまざまな間接作業（生産活動以外の業務）を行っています。間接作業の時間は生産活動をしていませんが、賃金は支払われています。企業において発生した賃金を、販売価格に織り込んで回収するためには、実際に直接作業

を行っている時間だけで労務費を回収する必要があります。そのため、コスト査定においては、労務チャージを計算するための働いた時間として、年間就業時間から間接作業を行っている時間を差し引いたもので考えます。

　例えば、年間就業時間が 2000 時間の工場において、直接時間比率が 95 ％であるとすれば、2000 時間×0.95＝1900 時間が、間接作業に相当するコストを加味した時間になります。労務チャージを計算する際の分母の数字が小さくなるので、その分だけ割高な労務チャージが計算されることになり、買い手にとっては不利な計算です。しかし、売り手のコストを論理的に査定するために、あえてこうした考え方を採用します。

　このように、売り手のコストを可能な限り漏れなく加味してコスト査定を行っても、売り手の見積金額の方が高額になる場合は、大いに突っ込みどころがあるといえます。「考え得る全てのコストを加味したコスト査定金額よりも、見積金額が高額になる理由を説明してほしい」などと、理詰めの交渉ができるようになります。

　ただし、この議論を行うとコスト査定が面倒になります。そのため、厳密な議論をするとき以外は、特に直接時間比率は考慮せず、単純に年間就業時間だけを考えることもあります。

　参考までに、労務チャージの計算事例を示しておきます（図 4-14）。

　平均的な賃金である年間給与 300 万円の労働者（厚生労働省の『2019年国民生活基礎調査の概況』の結果による、所得金額階級別世帯数の相対度数分布の最頻値相当）を想定し、そこに付帯人件費比率を 50 ％と考えると、人件費は 450 万円となります。年間就業時間は 1 日 8 時間で

$$労務チャージ = \frac{直接工職務別年間賃金 \times (1 + 付帯人件費比率)}{年間就業時間 \times 直接時間比率}$$

$$= \frac{300万円 \times (1 + 0.5)}{2400時 \times 90\%} = 2083円/時 \quad (34.7円/分)$$

・平均的な賃金（所定内・所定外合わせて年間給与300万円）の労働者を想定
・年間就業時間は8時間×300日で計算
・付帯人件費比率は社会保険と福利厚生、賞与込みで0.5とした
・直接時間比率は一般的な90％を使用

図 4-14 ●労務チャージの計算事例
（出所：筆者）

300日勤務と考えると、2400時間/年となります。そして、直接時間比率は、一般的な90％を使用します。これらを計算式に入れると、2083円/時（34.7円/分）が労務チャージとなります。

また、これに製造間接費を加味する場合は、仮に製造間接費比率が50％とした場合〔『平成15年度調査 中小企業の原価指標』（中小企業診断協会）によれば、金属製品製造業全体の製造間接費比率の平均値は46％≒約50％〕、この2083円/時×（1＋0.5）＝3125円/時（52.1円/分）と計算できます。

4.2.7　設備チャージの計算の仕方

設備チャージは、設備を購入した金額を、設備を稼働させる時間（複数年にわたって稼動させる場合は、その稼働させる年数全ての時間）で割り算したものです（図4-15）。

設備を購入した金額は、付帯設備や設置工事費を含む「購入金額」を考えます。そして、購入金額を、その設備を活用する「耐用年数」で割り算し、1年当たりの設備費用に換算して考えます。例えば、1000万円

$$設備チャージ（費率）＝\frac{（現在購入金額÷耐用年数）}{（年間稼動可能時間×標準稼働率）}$$

図 4-15 ●設備チャージの考え方
（出所：筆者）

の設備を法定耐用年数の 10 年間だけ活用する場合は、（便宜上、減価償却を定額法で考えると）1 年当たりの設備費用は 100 万円ということになります。

一方、設備を稼働させる時間は「年間稼働可能時間」と呼び、事業計画や操業度を前提に、設備が稼働する最大の時間を指します。例えば、2 直の運用をしている設備であれば 16 時間/日、操業日数が 200 日/年であれば 3200 時間/年といった具合です。その設備に稼働率がある場合、稼働していない時間も設備の費用は発生するため、年間の稼働可能時間に対して設備の稼働率を考慮したものを用いることもあります。

例えば、年間稼働可能時間が 3200 時間/年の設備で、稼働率が 80 ％であれば、稼働率込みの年間稼働可能時間は 3200 時間×80 ％＝2560 時間/年となります。稼動率が低くなるほど、設備チャージの計算式の分母は小さくなるので、その分だけ設備チャージは割高に計算されることになります。

ここで、設備の購入金額をどう設定するかという悩ましい問題があります。例えば、設備が 2 台あり、全く同じ機能を持った設備であっても、購入したタイミングが異なると購入金額が違うといったことが発生します。新しい設備は 1000 万円、古い設備は 900 万円といった状況では、全く同じ設備であるにもかかわらず、購入金額が違うために設備チャー

ジが異なるということになります。すると、どの設備を使用するかに
よって、発生する設備費が変わるため、コスト査定や原価計算が極めて
煩雑になってしまいます。

　また、設備については「減価償却」の概念があり、会計上は減価償却
中の設備は費用が発生しているのに対し、減価償却済みの設備は費用が
発生しない（電気代や燃料代などの費用は別）ことになります。そのた
め、例えば設備が2台あり、全く同じ機能を持った設備であっても、減
価償却中の設備と減価償却済みの設備の両方がある場合には、どのよう
に扱うのかが問題となります。

　買い手側からすると、「新しい2号機は使わず、古い1号機だけで生産
して設備の費用を安くしてほしい」、あるいは「減価償却済みの設備を
使って設備費をゼロにしてほしい」といった議論が発生します。しか
し、コスト査定は「（買い手側にとって）有利なコストを算出すること」
が目的ではなく、「論理的に妥当なコストを明確にすること」が目的な
ので、コスト査定では、次のような独特な概念を用いることがあります。

[1] 設備の現在購入価格

　設備チャージを考える場合の設備の購入金額は、「当時の設備の購入
金額（その設備を実際に買った当時、いくらで買えたのか）」や、「現在
における設備の購入金額（その設備を現在、購入するならばいくらで買
えるのか）」、「過去の購入金額の平均値」を使うことが考えられます。
しかし、実際の設備の購入金額を使うと、同じ機能の設備であっても使
用する設備号機が異なると設備チャージが変わるという不合理が生じて

しまいます。

　そこで、全ての設備を現在における購入金額（現在購入金額）で置き換えることで、同じ機能の設備であれば、どの設備も同じ設備チャージにすることができます。

　ただし、現在の購入金額が分からない場合などは、当時の設備の購入金額、あるいは過去の購入金額の平均値を使わざるを得ません。

［2］設備の経済耐用年数

　設備の耐用年数は、法定耐用年数、つまり減価償却で考えられる耐用年数を用いる場合と、「社内で規定された償却年数」、つまり社内で設備投資の費用回収の目安として規定された年数を用いる場合が多いと思います。しかし、いずれの場合も、耐用年数を過ぎるまでは設備の費用が発生し、耐用年数を過ぎれば設備の費用は発生しなくなるという不合理が生じてしまいます。

　一般に、実際の設備は、その耐用年数を超えて長期間使用されます。そこで、妥当なコストを明確にすることを目的としたコスト査定の議論では、この耐用年数として経済耐用年数と呼ばれる概念を使うことがあります。経済耐用年数とは、物理的・化学的な設備の寿命や、技術の進歩による当該設備の陳腐化などで、十分な付加価値を生み出すことができなくなるまでの期間のことです。例えば、30年間使い続けることができる設備であれば、経済耐用年数は30年ということになります。

　経済耐用年数を考えたコスト査定では、使う設備や使うタイミングによって費用が変わるといった矛盾を回避するために、その設備が稼働し

ている寿命全体を考え、常に一定の設備費が発生していると考えて査定します。

　調達品のコスト査定においては、当然ながら売り手と買い手とではコストの概念が異なります。売り手はできる限り高く売りたいと思い、設備チャージを高めに計算したいと考えます。そのために、耐用年数はより短い年数で計算し、時間当たりの設備費を高く計算したいという気持ちが働きます。しかし、買い手はできる限り安く買いたいと思うため、当然ながら設備チャージを安めに計算したいと考えます。そのため、耐用年数をより長い年数で計算して、時間当たりの設備費を安く計算したいという動機が生まれます。

　本書におけるコスト査定は、買い手の論理に立っています。そのため、耐用年数は経済耐用年数を使います。使う設備によって設備費が異なる矛盾を回避しながら、常に一定の金額を、その設備が実際に使われると想定される年数で割った設備チャージを活用して計算しています。

　参考までに、設備チャージの計算事例を示しておきます（図 4-16）。3000 万円の設備を想定し、この設備を 15 年活用すると考えます。ここ

$$
\text{設備チャージ} = \frac{\text{設備購入金額}}{\text{経済耐用年数} \times \text{年間稼動可能時間} \times \text{標準稼働率}}
$$

$$
= \frac{3000万}{15年 \times 3300時 \times 90\%} = 673円/時　（11.2円/分）
$$

・経済耐用年数は、この設備を15年は活用するという考え方
・年間稼働可能時間は、定時＋残業を想定して（8時間＋3時間）×300日で計算

図 4-16 ●設備チャージの計算事例
（出所：筆者）

では便宜上、減価償却は定額法として、3000万円÷15年＝200万円/年が毎年設備にかかる費用と考えます。年間稼働時間は定時＋残業を、稼働日は300日と想定し、(8時間＋3時間)×300日で計算します。また、標準稼動率は90％を使用します。これらを計算式に入れると、673円/時（11.2円/分）が設備チャージとなります。

　また、これに製造間接費を加味する場合は、仮に製造間接費比率を50％とした場合、この673年/時×(1＋0.5)＝1010円/時（16.8円/分）と計算できます。

4.3　現状の原価をあるべき原価にもっていく

4.3.1　加工費の査定ポイント

[1] 加工費はコストセンターごとに考える

　自社の工場での原価計算や取引先の調達品のコスト査定において、加工費を考える場合は、可能な限りコストセンターごとに考えるべきです（図4-17）。つまり、プロセスや工程ごとに考えるということです。

　工程1、工程2、……と、各工程における労務チャージと所要工数（人の時間）、設備チャージ、所要時間（設備の時間）をそれぞれ計算し、労務費＝労務チャージ×所要工数と、設備費＝設備チャージ×所要時間の2つを合算したものが、その製品の加工費になります。

　労務チャージは、正社員である作業者（いわゆる本工）ばかりの工場であれば、どの工程でも同じだと考えることができます。しかし、例えば派遣社員やパート社員を活用している工程では、労務チャージが大き

加工費はコストセンター（プロセスや工程）ごとに設定する。

・工程1の加工費、工程2の加工費などと可能な限り区分した方が正確な査定が
　できる

・異なる加工機で費用が違えば、加工機1での加工費、加工機2での加工費などと
　区分した方が正確な査定ができる

異なる加工機での費用を平均化してしまうと、例えば、生産設備を加工機1から
加工機2に変更しても、そのコスト差を把握できない。

図4-17 ●コストセンターごとに考えるコスト査定
（出所：筆者）

く変わることもあります。複数の作業者で作業を行っている工程であれ
ば、その人たち全員を勘案する必要があります。例えば、労務チャージ
が50円/分の本工1人と、労務チャージが20円/分のパート社員1人の
計2人で作業している工程であれば、労務チャージは（50＋20）÷2＝35
円/分となります。

　所要工数は、その工程で作業をしている人の作業時間の合計になりま
す。従って、例えば、1個の生産に2人で30分かかったとすると、所要
工数は30分/個×2人＝60分/個となります。先の例のように、本工1人
とパート1人で作業している場合は、労務チャージを乗じて60分/個×
35円/分＝2100円/個がこの工程の労務費（直接費のみ）となります。

　計算の手法だけの問題なので、本工の加工費50円/分×本工の作業時
間30分/個＝1500円/個、パート社員の加工費20円/分×パート社員の
作業時間30分/個＝600円/個を合算して2100円/個と計算しても、結果

は同じです。

　設備チャージは、各工程でそれぞれ違う設備を使うのであれば、別々に考える必要があります。例えば、工程1では設備チャージが5円/分の設備で、工程2では設備チャージが1円/分の設備で加工しているといった具合です。

　所要時間は、その工程で作業している設備の加工時間になります。従って、例えば1個の加工に30分かかったとすると、所要時間は30分/個となります。設備などでは2個の加工を同時にできる（いわゆる多数個取り）場合もあり、1回の加工が30分であっても、その加工で2個同時に完成するのであれば、1個当たりの加工時間は30分÷2個＝15分/個となります。設備チャージが5円/分の設備を使い、1個当たり15分の加工を行っているのであれば、設備チャージを乗じて15分/個×5円/分＝75円/個が、この工程の設備費（直接費のみ）となります。

[2]　加工と段取りに分けて考える

　加工費を査定する場合は、可能な限り加工（純粋な加工の時間）と段取りに分けて考えた方が正確な査定ができます（図4-18）。なお、前節でも述べた通り、ここでいう「加工費」は、切削や塗装、鋳造といった加工作業にかかる費用だけではなく、組み立てや検査などまでの全ての費用を織り込んだ、広い意味での「加工費」であることに注意してください。そのため、ここで「加工」とは、全ての作業を含んだ総称と定義して解説しています。

　作業を行う際には、作業を行う前の準備、そして作業を行った後の片

加工費は「加工」と「段取り」を分けて考える。

・加工費の基になる加工時間は、単位当たり時間（例えば1個当たり）が基本。
　例えば1個3分、1加工2分など

・加工費には、純粋な加工時間だけではなく加工のための準備（段取り）時間
　も含める

段取りは、加工前に行う「前段取り」と加工後に行う「後段取り」がある。
例えば、段取りに30分かかるとして、その段取りによって30個の製品を造った
ときには1個当たりの段取り時間は1分となる。

$$1個当たりの段取り時間＝\frac{段取り時間（前段取りと後段取りの合計）}{ロットサイズ（バッチサイズ）}$$

図4-18 ●分けて考える加工と段取り
（出所：筆者）

　付けといった、いわゆる「段取り」が必要になります。作業前の準備を
前段取り、作業後の片付けを後段取りと呼びます。工場においては、段
取り中にも費用が発生します。段取りに作業者の労力がかかっている場
合は、労務費が発生します。また、段取り中に設備が停機（停止）して
いる場合は、その時間にも設備費が発生します。

　段取りの費用は、1回の段取りに対応して行われる作業のロットサイ
ズ（ロットの大きさやバッチサイズ）により、製品1個当たりにかかる
費用が変わります（図4-19）。そのため、「加工」とは別に切り分けて
「段取り」の費用を考えることが必要になります。

　例えば、30分の前段取り（作業前の設備や治工具などの準備）を行っ
た後、製品を1000個（つまりロットサイズは1000個）、100分かけて生

段取り	1個目	2個目	3個目	……	100個目
100分	1分	1分	1分		1分

ロットサイズが100個/ロットなら、1個当たりの段取り時間は1分

段取り	1個目	2個目	3個目	……	10個目
100分	1分	1分	1分		1分

ロットサイズが10個/ロットなら、1個当たりの段取り時間は10分！

図 4-19 ●段取り時間とロットの関係
(出所：筆者)

産したとします。そしてその後、30分の後段取り（作業後の設備や治工具の片付け、初期化など）を行うとします。

この場合、1個当たりの加工時間は100分÷1000個＝6秒/個となります。仮に労務チャージが30円/分の工場であれば、加工にかかる労務費は、30円/分×6秒/個＝3円/個と計算できます。一方、段取りには前段取りと後段取りで計60分かかっており、この60分の段取りで1ロット1000個を生産したことになります。従って、1個当たりの段取り時間は60分÷1000個＝3.6秒/個となります。

労務チャージが30円/分の工場であれば、段取りにかかる労務費は、30円/分×3.6秒/個＝1.8円/個と計算できます。以上により、労務費は、加工にかかる労務費3円/個と、段取りにかかる労務費1.8円/個の合計となり、4.8円/個となります。

少し条件を変えるとどうなるかを見てみましょう。例えば、30分の前段取り（作業前の設備や治工具などの準備）を行った後、製品を100個（つまりロットサイズは100個）、10分かけて生産したとします。そして

その後、30分の後段取り（作業後の設備や治工具の片付け、初期化など）を行うとします。

　先の事例と異なる点は、ロットサイズが1000個から100個に変わったことです。ロットサイズが小さくなったことに比例し、加工時間も100分から10分に短縮しています。この場合、1個当たりの加工時間は10分÷100個＝6秒/個となり、先の事例と同じ数字になります。労務チャージが30円/分の工場であれば、加工にかかる労務費は、30円/分×6秒/個＝3円/個です。一方、段取りには前段取りと後段取りで計60分かかっており、この60分の段取りで1ロット100個を生産したことになります。従って、1個当たりの段取り時間は60分÷100個＝36秒/個と大きくなります。

　労務チャージが30円/分の工場であれば、段取りにかかる労務費は、30円/分×36秒/個＝18円/個と、かなり大きくなります。以上より、労務費は加工にかかる労務費3円/個と、段取りにかかる労務費18円/個の合計となり、21円/個となります。

　このように、加工と段取りを分けて考えることで、加工費を正しく計算できるのです。

［3］人の時間と設備の時間を分けて考える

　第3章で人時間と機械時間の概念を説明しました。人時間とは、工場で働く人（作業者）が1日全体を通して、どのような作業にどれくらいの時間を費やしているかを考えるものです。一方、機械時間とは、工場で稼働する設備（機械）が1日全体を通して、どのような作業にどれく

らいの時間を費やしているかを考えるものです。人による生産性の改善と設備による生産性の改善は、効果を別々に考える必要があります。そのため、概念を切り替えるのです。加工費を考える場合も、人の時間（所要工数）と設備の時間（所要時間）を切り分けて考える必要があります。

図4-20に示す通り、各工程において、人と設備は必ずしも同じ時間を必要とするわけではありません。設備に人が張り付いて作業する場合は、設備が30分かけて加工する間、人も30分働くことになり、人と設備は同じ時間を必要とします。

一方で、設備に人が張り付かない場合もあります。例えば、設備は30分かけて加工する間、人は加工の最初に5分だけ立ち会い（例えば、加

加工費は人時間（所要工数）と機械時間（所要時間）を分けて考える。

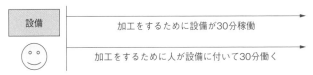

・加工するために設備も人も同時に働く場合は、人時間と機械時間は同じ

・加工するために機械は30分稼働する（機械時間は30分）。
　しかし、人は合計10分しか関与していない（人時間は10分のみとなる）

図4-20 ●人の時間と設備の時間を切り分けて考える
（出所：筆者）

工機に材料をセットしてスタートボタンを押し、しばらく加工状況を確認する）、そして加工の最後に5分だけ立ち会う（例えば、加工の終了直前から設備の様子を見て、加工が終了すると材料を取り出す）といった場合もあります。人は計10分だけその加工に関わり、それ以外の時間は何か別の作業を行うことになります。この場合は、設備が30分かけて加工する間、人は10分だけ働くことになり、人と設備は異なる時間を必要とします。

　こうした状況は、作業者が多能工化して複数の作業を掛け持ちしている場合や、多台持ち（1人の作業者が複数の設備を扱うこと）をしている場合などでは、珍しくありません。そのため、加工費を考える場合は、人の時間（所要工数）と設備の時間（所要時間）を切り分けて考えることが必要になるのです。

［4］多台持ちなどの考え方

　1人の作業者が複数の設備を使う、もしくは複数の作業者が1台の設備を使う場合があります（図4-21）。

　設備1台に作業者が1人付いて作業している場合、1個の加工に1分かかるとすると、設備の所要時間は1分/個、そして人の所要工数も1分/個となります。

　これに対し、設備1台に作業者が2人ついて作業（いわゆる多人数作業）を行っている場合、同じく1個の加工に1分かかるとすると、設備の所要時間は1分/個に対し、人の所要工数は2人がそれぞれ1分ずつ作業に従事するため、2分/個となります。

	1台持ち	0.5台持ち	2台持ち	
	設備 ☺	設備 ☺	設備 ☺	設備 ☺
所要時間 （機械時間）	1分/個	1分/個	1分/個	
所要工数 （人時間）	1分/個	2分/個	0.5分/個	

図 4-21 ● 多大持ちの考え方
（出所：筆者）

　また、設備2台に対して作業者が1人で作業（いわゆる多台持ち作業）を行っている場合は、同じく1個の加工に1分かかるとすると、設備の所要時間は1分/個に対し、人の所要工数は1人で2台の設備を扱うことで1分で製品が2個出来上がる計算になるため、0.5分/個となります。

　このように、人と設備との関係により、製品1個当たりの設備の所要時間と人の所要工数は異なるため、先の［3］人の時間と設備の時間を分けて考えることが重要です。また、複数の作業者が複数の設備を使う場合も考えられます（図4-22）。

　例えば、複数の設備がライン化（複数の設備が相互に接続されて一体化している状態）されており、そこに複数の作業者が関わっている場合、どの設備に何人の作業者が付いているかを厳密に切り分けることは難しいものです。こうしたケースでは、複数の設備をあえて切り分けずに1つの大きな設備として捉え、その"大設備"全体に対して、作業者が何人付いているかという見方をすることもできます。

　図4-22のように、"大設備"から製品が1分に1個出来上がる（つまりタクトタイムが1分/個）のであれば、設備の所要工数は1分/個と

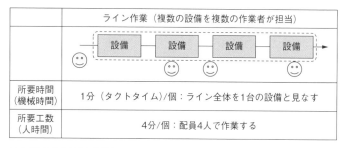

図4-22 ●複数設備と複数人員
（出所：筆者）

なります。その"大設備"に作業者が3人付いて作業している場合は、人の所要工数は3分/個になります。

　基本的な概念は押さえた上で、設備の運用状況に応じて臨機応変に考えていくことも必要です。コスト査定は、極端に精緻さを求めると極めて煩雑になり、必要な労力が膨大になってしまいます。どの程度の精度があればコスト査定として十分なのかを考慮することにも注意が必要です。

4.3.2　正しい現場の把握が原価管理の基本

　工場において正しい原価を把握し、そして適切な管理を行うためには、まず現場を正しく把握することが必要になります。企業や工場の経営数字は、すべからく現場の諸活動の積み上げの結果として生み出されます。そのため、現場が今、何をしているのか、どのような仕事にどれくらいの労力を割いているのかといったことを、適切に、かつ速やかに把握しなければなりません。

　工場マネージャーは、工場で日々管理しておくべき重要な管理項目を

明確に定義づけた上で、それらの管理項目がどうなっているのかを即答できる状態であるべきだと考えてください。重要な管理項目とは、例えば、昨日の生産数量や、今日の生産目標と現時点での生産数量、単位時間当たりの出来高、工程で活用されている生産性の指標、あるいはその推移といったものです。これらの実績によって製造原価が実現されるため、工場マネージャーは可能な限りリアルタイムに近い時間軸で現場の姿を知っておくべきです（図4-23）。

　もちろん、工場マネージャーに対して全ての管理項目の把握を強いるものではありません。必要な管理項目の実態が、工場の適切な場所に行けば、すぐに把握できるといった状況になっていればよいと考えてください。

　そもそも、多忙な工場マネージャーや現場管理者は、顧客からの問い合わせといったよほど強い動機でもなければ、少しでも面倒だと感じる

・生産数量
・単位時間当たりの出来高
・生産性
・不良発生数、不良率
・生産計画と実績（生産の進捗）
・出勤数、出勤率
・作業時間
・ライン停止時間
・稼働率、能率
・安全
・標準工数、実績工数　など

図4-23 ●現場の実態をどれだけ把握しているか
（出所：筆者）

ことについては行動しないものです。例えば、今日の生産性はどうかと気になったとしても、「紙の束（分厚い資料）から必要な情報を探し出さなければならない」、「データがあちらこちらに散在しているので探し回らなければならない」、「パソコンを立ち上げて、データを表示させるまでにいくつかの手順を踏まなければならない」といった状況にあると、「今日の生産性を確認する」といった具体的な行動にはなりません。

管理の対象となる項目がすぐに把握ができる状態とは、「現場ですぐに確認できる状態」だと考えてください。第3章において、工場マネージャーは現場・現物・現実に徹底してこだわる三現主義を貫くべきだと解説しました。現場の実態を、現場で確認できる状態にすることが、すぐに把握できる状態にほかなりません。

工場において、管理の対象となる項目が、手間を掛けて調べたり面倒なパソコン操作をしたりせずに、現場ですぐに見て分かる状態になっていることが大切です。そうすれば、工場マネージャーは1日に何度でも、あるいは必要だと考えた時にはいつでも、すぐに現状を確認できるため、適切な管理を行うことができるようになります。

また、第1章において、管理するとは「PDCAを回すこと」だと解説しました。管理の対象となる生産量や生産性、品質、安全といったものを客観的、かつ可能な限り定量的に把握することを心掛けてください。現場を正しく把握していなければ、管理対象を目標のレベルにするためにどのような活動をしなければならないのか、すなわちPDCAのP（Plan）を考えることができません。現状の正しい把握や事実確認が適切でなければ、現場の諸活動は全て「行き当たりばったり」になり、組

織の目標を達成することなどできないのです。

　管理の対象となるものが、現場の生産管理板のような掲示ボードに貼り出されていたり、電光掲示板や工場内の大型ディスプレーの画面に常に表示されていたりすると、工場マネージャーは現場を正しくかつ速やかに把握することができます。従って、そうした状態を現場で造り込んでおくことにより、工場マネージャーは適切な管理ができるようになると考えてください。

　こうした管理対象の「見える化」のベースになるのが、現場における日々の生産活動の記録です。そして、その最も基本となるものが作業日報です。作業日報とは、誰が、どのような作業を、何時から何時にどれくらいの時間をかけて作業したのか、その作業によってどれくらいの出来高を実現できたのか、作業において記録しておくべき品質や材料のロット、生産条件などを記録しておくものです。

　工場によっては、作業日報はあくまでも作業記録のみを対象とし、作業者や作業内容、時間、出来高、品質、材料のロット、生産条件など工程におけるさまざまな記録は別の文書に記録することもあります。

　また、従来はこうしたさまざまな記録に紙モノ（作業者による手書きの記録）が活用されていましたが、近年では情報機器の普及により、デジタル化が進行しています。タブレット端末やコンピューター端末などを活用し、記録の一部、もしくは全ての記録が電子化されつつあります。ただし、記録や入力の形態はどうであれ、目的はどちらも同じく、現場の実態を正しくかつ速やかに把握することにあります。目的と手段を混同しないように気をつけてください。

4.3.3　現場で把握した記録を改善に活用する

　よくある失敗例は、作業日報やさまざまな現場の情報を記録した文書をきちんとそろえている工場であるにもかかわらず、それらを全く活用することなく、「単なる記録」としてきれいにファイルして書類棚にしまっているケースです。

　工場での記録書類は、日々の生産の状況を正しく把握し、組織の目標であるコストや品質、納期で生産するために必要な手を打つための管理ツールです。ところが、そうしたPDCAの管理サイクルを回すことなく、単に記録するために書いて保管しておくといった工場が少なからず見受けられます。もちろん、製品の保証やさまざまな理由で生産における記録を保管しておくことは必要なのですが、それだけではそれらの記録が十分に役立つとはいえません。

　現場で把握した記録の活用には、2つの役割があります（図4-24）。1つは、能動的な意味で前向き管理をするための役割。もう1つは、受動的な意味で後ろ向き管理をするための役割です。

　前向き管理、つまり能動的に活用する役割とは、組織の目標とするコストや品質、納期を実現するために、管理のPDCAサイクルを回すための管理指標となる役割です。現場が予定通りに生産活動を進められているか否か「異常の見える化」に役立てたり、「改善活動の効果」を測るために活用したりするのです。

　例えば、現場のコストを分析し、その結果を踏まえて何らかの改善案を考えて、その改善案を実行した結果、改善後のコストはどうなるのか

```
┌─────────────────────────────┐
│ 現場の実績を管理する目的      │
└─────────────────────────────┘
  ┌─ 能動的（前向き管理）──────────────────────────┐
  │  ┌──────────────────┐                          │
  │  │ 1.異常の見える化  │                          │
  │  └──────────────────┘                          │
  │  工程が狙いの生産性や品質を確保できている状態か否かを容易に判断できるよ │
  │  うにすること。異常が速やかに見えれば、対処はより速く的確にできるように │
  │  なる。                                         │
  │  ┌──────────────────┐                          │
  │  │ 2.改善活動の効果  │                          │
  │  └──────────────────┘                          │
  │  工程を維持・改善するためのPDCAを回すために、現場の実態が見えていなけ │
  │  ればならない。                                 │
  │  的確に実態を把握することで改善効果の有無や次の改善の着眼点を把握できる。│
  └─────────────────────────────────────────────────┘
  ┌─ 受動的（後ろ向き管理）────────────────────────┐
  │  ┌──────────────────┐                          │
  │  │ 3.品質保証        │                          │
  │  └──────────────────┘                          │
  │  顧客対応や万一の不良、トラブルの発生時に速やかな対応を取るための基礎デ │
  │  ータ。                                         │
  │  法令対応やメーカーとしての社会的責任を全うするため。 │
  └─────────────────────────────────────────────────┘
```

図 4-24 ● 現場の実績を管理する目的
（出所：筆者）

を評価する。さらに必要であれば次の手を打っていく、といった PDCA サイクルを回すためには、現場において管理すべき対象の実態を正確（かつ定量的）に把握しておくことが必要です。この管理すべき対象の実態が、現場における生産活動の記録として見える化されていることにより、工場マネージャーは速やかに PDCA サイクルを回すことができるようになるのです。

　後ろ向き管理、つまり受動的に活用する役割とは、主に品質保証に関わるものです。工程におけるさまざまな記録を保管しておき、不良やトラブルが発生したときに、速やかにその原因を追究するための基礎データとして活用するのです。これは、法令で定められた記録や、顧客との契約の中で定められた記録、企業独自もしくは工場独自にメーカーとし

ての社会的責任を全うするために必要だと考えられる記録など、全てを対象とした考えです。

　実は、受動的な活用であれば、単に現場における生産活動の記録をデータとして保管しておくだけでも、最低限の役割は果たせます。もちろん、現実には、何らかのトラブルがあったときに膨大な書類やデータの中から調査対象となる工程の記録を探すことになると時間がかかってしまい、顧客から厳しく指弾されることがあります。そのため、ただデータを保管しておけばよいというわけではありません。

　現場における生産活動の記録を能動的に活用するのであれば、常に現状を把握し、そして見える化して、さらにPDCAサイクルを回すためのツールとして活用しなければなりません。第2章で、見える化とはただ見えているだけでは不十分。見えたことによって何らかのアクションが始まり、そのアクションによって現場がより良く変わるのが見える化であるということを解説しました。生産におけるさまざまな情報を活用するためには、適切な見える化が必要なのです。

4.3.4　正しい事実認識による、あるべき原価の追求

　あるべき原価とは、その企業や工場が実現すべき原価のことです。目標原価とも呼びます。あるべき原価を実現できないまま生産・販売が始まると、企業は適切な利益を得られないことになります。あるべき原価の考えには2つあります。

　まずは、「売価から逆算した原価」です。顧客からの指し値や業界の標準的な価格があるなどの理由で販売前から売価が決まっている場合、

企業が狙う利益を得るためには、いくらで生産する必要があるかを明確にしなければなりません。例えば、売価が1000円と決まっているとして、その企業が目標とする利益率が5％であれば、確保すべき利益額は50円になります。すると、売価1000円－利益50円＝950円があるべき原価になります。この原価で実際に生産できなければ、既に売価は決まっているため、企業が目標とする利益を得られない結果となってしまいます。

　もう1つは、「売価を設定するための原価」です。販売前に売価が決まっていない場合、いくらで生産すべきなのかが決まっていなければ、そもそも売価を設定することはできません。例えば、設計や試作を通して原価が950円で生産できそうだと見込めば、そこに、その企業が目標とする利益率の5％分を加えて、売価を1000円に設定できます。売価が設定され、実際に販売が始まったときに、当初見込んだ原価で生産ができなければ、企業が目標とする利益を得られない結果となってしまうのです。

　こうしたあるべき原価の一方で、現場を正しく把握して適切なコスト査定を行うことで、現在の原価を把握できるようになります。こうしてあるべき原価と現在の原価を見比べてギャップが存在すれば、それが改善すべき課題だと考えることができます。あるべき原価が950円であるのに対し、実績から把握した現在の原価が1000円になっているのであれば、その差額である50円が改善すべき課題になるのです。

　本章の4.2と4.3で解説したコスト査定の考え方を活用すると、工場におけるコストを工程別や要因別（人や設備、加工、段取り）に詳細な

数値として把握することができます。そのため、どこにどれくらいのコストがかかっているのか、あるべき原価を計算したときの論拠と実績を比較することで、「A 工程が想定よりもコストがかかっている」や「製造間接費が想定よりもかかっている」などといった課題が見えてきます。こうして改善すべきポイントと、改善で実現すべき目標が明確になれば、後は通常の改善活動と同様の取り組みを行えばよいのです。

　企業において原価改善を行う場合、「X 作業の作業時間を 10 分短縮する」とか「Y 工程の不良率を 5％低減する」とかいった具合に、現場で測定可能な項目を改善の指標にしていることがあります。それ自体は問題ありませんが、原価にどの程度寄与するのかという議論がないまま現場を改善活動にまい進させることは、工場マネージャーとして避けるべきです。

　あるべき原価を実現するために、例えば「300 円の原価改善が必要」という場合に、「X 作業で 3000 円の加工費がかかっているが、作業者の作業時間を 10 分短縮すれば、この工程の加工費は 2700 円になり、300 円の原価改善を捻出できる」といったロジックがあれば問題ありません。ところが、原価の議論を抜きにして、現場に「作業時間を 10 分短縮せよ」と提示すると、現場は原価のことは全く考えずに、作業時間を 10 分短縮することが目的となってしまいます。

　これでは、現場のコスト意識は高くなりません。現場のコスト意識を高めるためには、現場で見て把握することができる指標（現場の物差し）と、その指標が原価に対してどのような影響を及ぼすか（企業の物差し）の両面からコストを考えるように指導していきます。これは「稼

ぐ力を持った強い工場」になるために不可欠です。

4.4　これからの時代に勝ち残れる工場になるために

4.4.1　やるべきことを徹底してやり抜く

　本書のキーコンセプトである世界で戦える工場とは、世界レベルで何か特殊な手法を駆使しているということではありません。やるべきことを、同業他社のどこよりも徹底して考え抜き、徹底して実行すべく努力を続けている工場を指します。本書は、工場においてやるべきこととは何かを明確にし、その上で実務者としてやるべきことに愚直に取り組む際のポイントを示すことに多くのページを割いています。

　確かに、実務においてはさまざまな問題が存在し、やるべきことの徹底を妨げているケースもあるでしょう。これは口で言うほど簡単なものではありません。むしろ、多くの優秀な経営者や工場マネージャーが、今この瞬間も、どうすればより良く実行できるかについて悩み抜いているさなかでしょう。

　しかし、こうした事実を直視せずに、やるべきことを中途半端にとどめているような工場マネージャーでは、これからの時代に勝ち残れる工場を造り上げることはできないと考えてください。筆者は「やるべきことの飽くなき追求」こそが、世界で戦える工場になるための必須事項だと考えています。

　ところが、現実の企業では、やるべきことの徹底を妨げる「勘違いワード」が幅を利かせているものです。それは、やるべきことに対して

語られる、「できている」、「知っている」、「やっている」の３つです。これら３つの勘違いワードを工場マネージャーが口にするようになった工場は、その成長や将来に赤信号が点滅し始めたと考えるべきです。

　強い工場マネージャーは、こうした勘違いワードを口にすることはありません。むしろ、謙虚な貪欲さを持っているものです。「（できているが）我々のやり方には、まだ抜けているところがある」、「（知っているが）我々には、まだ足りないことがある」、そして「（やっているが）我々のやり方には、まだ改善の余地がある」という思考を備えているのです。

　このように、強い工場マネージャーは、できていることに目を向けて安心するのではなく、できていないことを謙虚に見つめて、徹底してそれを潰し込む活動を重視するのです。

　残念ながら、これらの勘違いワードはどの企業でも少なからず見られるものです。例えば、5S活動の知識はあっても、その本質的な目的が経営改善や業務改善にあることを深く理解せずに、生産現場の見掛けを表面的に良くするだけでは知っているとはいえません。それは「知っているつもり」にすぎないのです。第三者から見て改善すべきところがまだたくさん残っているのであれば、それは「できているつもり」といえるでしょう。そして、継続的な活動をやっているとしても、その結果が経営成果に着実に寄与していなければ、これも「やっているつもり」にすぎません。

　こうした「できているつもり」、「知っているつもり」、「やっているつもり」では、新たな知識吸収も不足点を埋める行動も行われることはあ

りません。やるべきことを十分にやりきっていないので、当然ながら経営成果を十分には獲得できません。しかし、自分たちは「やっているつもり」なので、成果を求めてさらに別な手法などを探し回り、根本的な課題は置き去りになってしまいます。伸び悩んでいる工場であれば、こうした「つもり」に陥っていないか自問自答してください。

　工場をたちまち強力に造り変えてくれる魔法の杖のような新たな手法が存在しているわけではありません。だからこそ、強い工場では、実績のある既存の手法をどう使いこなすかという取り組みを行っているのです。「まだ取り組めていない点はどこか」、「今、取り組んでいる活動をさらに大きな成果にするための取り組みのコツは何か」といったことを追求することで、他社よりも進んだ強い工場になることを狙っているのです。夢のような新しい手法などを探すよりも、既存の手法から得られる効果をとことん追求する方が現実的なのです。

　強い工場は、自分の行っている取り組みから最大の成果を得るためにとことん追求しています。そのために貪欲に「あと何ができるのか」、「何が我々に足りないのか」と考えています。工場を率いる工場マネージャーは、やるべきことの飽くなき追求をせずに、「世の中には、きっとすばらしい手法があるはず」などと、さまざまな手法を渡り歩く「青い鳥症候群」に陥ってはいけません。

4.4.2　工場のDX推進には、工場の基礎力が必要

　今、工場の生産性を大きく向上させるために、新しいデジタル技術を活用した取り組みが生産現場に広がりつつあります。工場のDX（デジ

タルトランスフォーメーション）推進は、工場マネージャーにとっても
重要課題の1つと位置付けられているのではないでしょうか。厳しい競
争を勝ち抜かなければならない工場にとって、今後の運命を変え得る戦
略的な意味を持つものですから、その重要性に疑問の余地はありませ
ん。ただし、デジタル技術を活用すれば、それだけで生産現場が飛躍的
に強くなるわけではないことに注意する必要があります。工場のDXに
ついては、以下の2点を押さえておかなければなりません。

[1] デジタル技術は「鬼に金棒」

　IoT（Internet of Things）など工場での活用が有望視されている最
新のデジタル技術は、これからの工場にとっては「鬼に金棒」となる可
能性を秘めた有望なものです。しかし、注意すべきは、鬼に金棒という
のは、強い鬼が強力な金棒を持つとさらに強くなるという意味であるこ
とです。せっかく強力な武器である金棒を手に入れても、強い鬼のよう
に、それを振り回せる体力がなければ、残念ながら強力な武器として使
うことはできません。

　例えば、せっかくタブレット端末などを活用したデジタル作業指示書
などを導入しても、そもそも5Sを適切に実施している現場でなければ、
標準化された作業など実行することは不可能です。あるいは、設備にセ
ンサーを設置して動作具合をリアルタイムで把握できるようになったと
しても、現場に見える化の文化が根付いていなければ、単にデータが無
為に積み上がっていくだけになってしまいます。

　また、工場にサプライチェーン全体を俯瞰して生産計画を適切に組む

ことができる知識やスキルがなければ、いくら高度な生産管理システムを導入したとしても、現場はただシステムの指示に従って動くだけになってしまいます。何かサプライチェーン上の問題点が発生してしまうと、生産工程の統制すらおぼつかなくなってしまうでしょう。つまり、強力な武器であるデジタル技術を導入したところで、工場におけるものづくりの基礎体力がなければ、その技術の恩恵を十分に享受できないのです。

　従って、工場マネージャーが考えるべきことは、金棒（役に立つデジタル技術）を使いこなすことができる、強い体力（ものづくりの基礎体力）を身に付けることです。ものづくりの基礎体力を確固たるものにした上で、初めて強力な金棒（デジタル技術）を駆使できる、すなわち、より競争力の高い工場に変革できるということを理解してください。

　デジタル技術とは、弱い工場が強くなるための技術ではなく、強い工場がさらに強くなるための技術なのです。これが「鬼に金棒」の真意です。ものづくりの基礎体力が弱い工場がデジタル技術の活用だけで強くなることはありません。ものづくりの基礎体力が強い工場だけが、デジタル技術の活用でさらに強くなることができるのです。

［2］手段と目的を混同しない

　デジタル技術の活用や工場のDX推進が、多くの工場で課題となっています。しかし、肝心なことを忘れてはなりません。最終的に企業の経営に寄与しなければならないということです。売り上げの拡大や、利益の増加、キャッシュフローの良化などへの貢献です。これらの目的の達

成を目指して工場が変革に取り組むときに、そのツールとしてデジタル技術やDX推進があるのです。デジタル技術は、あくまでも目的達成のための手段だと心得てください。

　筆者が工場を訪問すると、「DX推進（デジタル技術の活用）が我々の課題です」という言葉をよく耳にします。ところが、デジタル技術を活用してどのような経営成果を得たいのかと問い掛けると、漠然とした回答しか得られないことが少なくありません。例えば、工程の記録を紙ベースからタブレット端末に置き換えたい場合、「それによって何をしたいのですか」と聞いても、「入力ミスが防げるので、コスト改善に寄与できる」といった具合です。

　紙でもタブレット端末でも、作業者が入力する手間はほぼ同じです。結果の確認作業にかかる班長の手間もほぼ変わりません。せっかくデータとして蓄積された現場の情報を分析して改善に生かすことなど全く考えていないのです。にもかかわらず、単にミスが減るというだけで多額の資金を投じてタブレット端末を導入し、「デジタル技術の活用を推進した」と考えるのは、いかがなものかと思います。

　デジタル技術やDXは導入することが目的になってはいけません。デジタル技術の導入によって、経営的にどのような成果を得たいのか。工場はデジタル技術を活用して、どのような生産ができるようになればよいのか。工場マネージャーがしっかりと「あるべき姿」を描くことが重要なのです。

参考文献

・Chandler, Alfred D., "Strategy and Structure", The MIT Press, 1962. (アルフレッド D. チャンドラー, Jr., 有賀裕子訳, 『組織は戦略に従う』, ダイヤモンド社, 2004年).

・Barnard, Chester I., "The Function of The Executive", Harvard University Press, 1938. (C・I・バーナード, 山本安次郎・田杉競・飯野春樹訳, 『新訳 経営者の役割』, ダイヤモンド社, 1968年).

・Mintzberg, H., "The Nature of Managerial Work", Harper Collins Publishers, 1973. (ヘンリー・ミンツバーグ, 奥村哲史・須貝栄訳, 『マネジャーの仕事』, 白桃書房, 1993年).

・朝日監査法人編, 『図解 ひとめでわかる連結財務諸表』, 東洋経済新報社, 1999年.

・朝日監査法人編, アーサーアンダーセン編, 『第4版 有価証券報告書の見方・読み方』, 清文社, 2001年.

・石川馨, 『第3版 品質管理入門』, 日科技連出版社, 1989年.

・上田和範, 『松下電器の RIAL システム「物づくり」の総合革新技法』, 日本能率協会マネジメントセンター, 1990年.

・大野耐一, 『トヨタ生産方式』, ダイヤモンド社, 1978年.

・加藤治彦, 『図解でわかる生産の実務 生産管理』, 日本能率協会マネジメントセンター, 2002年.

・片山和也, 『ぐるっと！生産管理』, すばる舎リンケージ, 2015年.

・金井壽宏, 『戦略・革新指向の管理者行動 変革型ミドルの探求』, 白桃書房, 1991年.

・金井壽宏・米倉誠一郎・沼上幹編, 『創造するミドル』, 有斐閣, 1994年.

・神谷俊彦編, 『生産管理の実務と問題解決 徹底ガイド』, アニモ出版, 2018年.

・上林憲雄・平野光俊編, 『日本の人事システム』, 同文舘出版, 2019年.

・木内正光, 『生産現場構築のための生産管理と品質管理』, 日本規格協会, 2015年.

・経済産業省・厚生労働省・文部科学省, 『2021年度版 ものづくり白書（令和2年 ものづくり基盤技術の振興施策）』, 2021年.

・経済産業省, 『令和3年版 通商白書』, 2021年.

・厚生労働省, 『令和3年版 労働経済の分析』, 2021年.

・佐々木久臣, 『完璧品質をつくり続ける ものづくりの組織能力』, 日刊工業新聞社, 2008年.

・スターン スチュワート社, 『EVA による価値創造経営』, ダイヤモンド社, 2001年.

・高田直芳, 『明解！経営分析バイブル』, 講談社, 2004年.

・高橋功吉, 『グローバルで活躍するあなたのための ものづくり経営入門』, 日経 BP, 2013年.

・中小企業庁編, 『平成15年度調査 中小企業の原価指標』, 同友館, 2004年.

・中小企業庁編, 『中小企業白書 小規模企業白書 2021年版』, 2021年.

・津森信也, 『EVA 価値創造経営』, 中央経済社, 2001年.

・東京商工会議所編, 『企業を危機から守る クライシス・コミュニケーションが見る見るわかる』, サンマーク出版, 2001年.

・富野貴弘, 『生産管理の基本』, 日本実業出版社, 2017年.

・中村昌允, 『製造現場の事故を防ぐ 安全工学の考え方と実践』, オーム社, 2013年.

・名古屋 QS 研究会編, 『実践 現場の管理と改善講座 労働安全衛生』, 日本規格協会, 2004年.

・日本規格協会編, 『JIS ハンドブック 57 品質管理』, 2021年.

・日本能率協会編, 『日本企業の経営課題 2021』, 2021年.

・延岡健太郎, 『製品開発の知識』, 日本経済新聞出版, 2002年.

・延岡健太郎, 『MOT［技術経営］入門』, 日本経済新聞出版, 2006年.

・野中郁次郎, 『経営管理』, 日本経済新聞出版, 1983年.

・波光史成, 『会計のしくみ』, 東洋経済新報社, 2000年.

・平野裕之，『製造企業と生産管理』，日刊工業新聞社，2001 年.

・平野裕之，『意識改革と 5S・3 定』，日刊工業新聞社，2001 年.

・藤本隆宏，『現場から見上げる企業戦略論』，角川新書，2017 年.

・藤本隆宏，『生産マネジメント入門 I 生産システム編』，日本経済新聞出版，2001 年.

・藤本隆宏，『生産マネジメント入門 II 生産資源・技術管理編』，日本経済新聞出版，2001 年.

・森田松太郎，『ビジネス・ゼミナール 経営分析入門』，日本経済新聞出版，1990 年.

・安岡孝司，『企業不正の研究』，日経 BP，2018 年.

・安岡孝司，『企業不正の調査報告書を読む』，日経 BP，2020 年.

・労働法令編，『賃金センサス 令和 2 年賃金構造基本統計調査 第 3 巻』，2022 年.

・古谷賢一，「モノづくり基本の木 (全 13 回)」，『工場管理』，2014 年 5 月号〜2015 年 5 月号.

・古谷賢一，「モノづくり基本の木 II (全 13 回)」，『工場管理』，2015 年 7 月号〜2016 年 7 月号.

・古谷賢一，「モノづくり基本の木 III (全 29 回)」，『工場管理』，2016 年 8 月号〜2018 年 12 月号.

・古谷賢一，「安全な職場をつくるために管理監督者が注意すべきこと」，『工場管理』，2017 年 10 月号，pp.36-40.

・古谷賢一，「中小企業における、これからの生産管理のポイント」，『型技術』，2016 年 6 月号，pp.23-26.

・古谷賢一，「人手不足に伴う中小企業の課題と省力化の重要性」，『型技術』，2018 年 3 月臨時増刊号，pp.2-5.

・古谷賢一，「品質不正をなくすために管理監督者が注意すべきこと」，『工場管理』，2018 年 7 月特別増大号，pp.94-98.

・古谷賢一，「技術・技能伝承は〝教える側〟と〝教わる側〟の二人三脚」，『工場管理』，2020 年 3 月号，pp.68-73.

・古谷賢一，「アフターコロナ時代に押さえておくべき「モノづくりの基本」」，『型技術』，2020 年 9 月号，pp.68-71.

・古谷賢一，「アフターコロナ時代にこそ必要な工場の〝基礎力〟」，『経営センサー』，2020 年 12 月号，228，pp.32-36.

・古谷賢一，「ウィズコロナ時代に強い工場となるための在庫最適化とは」，『工場管理』，2021 年 3 月号，pp.12-17.

・古谷賢一，「工場力強化の達人 古谷賢一の強い工場の育て方 (全 54 回)」，『日経 xTECH』，2016 年 10 月 27 日-2019 年 4 月 4 日.

・古谷賢一，「現場はこうしてデータを偽装する」，『日経 xTECH』，2017 年 10 月 23 日.

・古谷賢一，「管理者はこうしてデータ偽装を防ぐ」，『日経 xTECH』，2017 年 10 月 24 日.

・古谷賢一，「品質第一だが納期は死守せよ」、言行不一致が不正を招く」，『日経 xTECH』，2017 年 11 月 15 日.

・古谷賢一，「現場はこうして品質不正に向かう」，『日経 xTECH』，2018 年 1 月 10 日.

・古谷賢一，「製品はこうして要求仕様をすり抜ける」，『日経 xTECH』，2018 年 1 月 15 日.

・古谷賢一，「検査の形骸化は「ものづくりの崩壊」をもたらす」，『日経 xTECH』，2018 年 8 月 21 日.

・古谷賢一，「コンプライアンスを強化したのに不正が続く、何が悪いのか？」，『日経 xTECH』，2018 年 8 月 27 日.

・古谷賢一，「ゲンバはこうして崩壊した 本当に怖い基礎力「ものづくり 1.0」の弱体化」，『日経 xTECH』，2019 年 1 月 31 日（連載中）.

・古谷賢一，「品質不正はなくならない、対策の鍵は「見える化」にあり」，『日経 xTECH』，2020 年 1 月 17 日.

・古谷賢一，「もう言い訳できない、個人依存の業務の解消 コロナ後に明確なリスクに」，『日経 xTECH』，2020 年 5 月 28 日.

・古谷賢一，「検査不正の「リアル」巧妙な手口を品質の門外漢は見抜けない 前編 品質監査が機能しない理由」，『日経 xTECH』，2021 年 7 月 6 日.

・古谷賢一，「ねつ造と改ざんの実態 品質監査もすり抜ける 6 つの手口 後編 検査不正の手練手管」，『日経 xTECH』，2021 年 7 月 7 日.

・古谷賢一，「在庫は悪か正義か 非常事態はずさんな管理の免罪符にならず」，『日経 xTECH』，2022 年 4 月 14 日.

・厚生労働省，「2019 年 国民生活基礎調査の概況」，https://www.mhlw.go.jp/toukei/saikin/hw/k-tyosa/
k-tyosa19/index.html

・財務総合政策研究所，「年次別法人企業統計調査（令和 2 年度）」，https://www.mof.go.jp/pri/reference/ssc/
results/r2.pdf

・中小企業庁，「令和 3 年 中小企業実態基本調査」，https://www.chusho.meti.go.jp/koukai/chousa/
kihon/2021chousa_jishi.htm

おわりに

　本書を執筆するきっかけは、今から8年前に遡ります。日本国内で製造業が国内外の情勢の変化に伴い、厳しい状況に置かれているにもかかわらず、製造業の中心となる製造部門を率いるマネジメント層の人材育成がうまくいっていない、といった企業の切実な悩みに応えるために、日経BPの月刊誌『日経ものづくり』にて、「儲かる工場にするための　現場力再入門」（2014年）という連載記事を執筆したことが発端です。

　この記事はありがたいことに大変多くの皆さんに読んでいただきました。それをきっかけに、日経BPの技術者向けメディア『日経クロステック』にて、工場経営での困り事の解決ノウハウを紹介した「工場力強化の達人　古谷賢一の強い工場の育て方」（2016〜19年）、工場経営で不適切な取り組みを回避するためのポイントをストーリー仕立てで紹介する「ゲンバはこうして崩壊した　本当に怖い基礎力「ものづくり1.0」の弱体化」（2019年〜連載中）という2つのコラムで、工場マネージャーの実務遂行能力を向上させる知識ツールを発信する機会につながっています。

　2022年においても、8年前と同様に製造業が向き合っている状況は厳しく、適切なスキルを持った工場マネージャーの養成が企業にとって重要な課題であることには変わりがありません。むしろ世代交代とともに、人材育成の必要性はさらに増しているといっても

過言ではないでしょう。

　例年、日経BPが展開する実務系セミナー「日経クロステックラーニング」において、本書のエッセンスを詰め込んだ「工場力強化の達人から学ぶ工場マネージャー養成講座」を開催していますが、こちらも多くの皆さんに受講していただいています。こうしたことは、産業界において、いかに工場マネージャーがものづくり経営をするための基本的な知識に"飢えている"のかを示す証左ではないかと感じています。

　本書がこのような悩みと問題を抱えた皆さんに、「工場マネージャーのバイブル」として活用していただけたら、ものづくりの現場で強い工場づくりに努めてきた筆者にとって本望です。

　最後になりますが、本書の執筆に際し、工場マネージャーの育成が日本の産業、そして製造業に必要だとの思いに共感してくれた日経BP 近岡裕さん、そして、サンク松岡りかさん、白井佐和子さんには言葉に尽くせないほどの助力をいただきました。この皆さんの支援なくして本書は生まれませんでした。ここに改めてお礼を申し上げます。そして、筆者にとって「ものづくり経営」の師匠でもある高橋功吉先生、筆者の所属するジェムコ日本経営の佐藤葵社長にも多大なご支援をいただいたことにここでお礼を申し上げます。

2022年6月　古谷賢一

世界レベルの工場の経営・運営を目指す

工場長の教科書

2022年6月20日　第1版第1刷発行

著者　　　古谷賢一
発行者　　戸川尚樹
発行　　　株式会社日経BP
発売　　　株式会社日経BPマーケティング
　　　　　〒105-8308 東京都港区虎ノ門4-3-12
編集　　　松岡りか、近岡 裕
デザイン　Oruha Design（新川春男）
制作　　　美研プリンティング
印刷・製本　図書印刷

本書籍に関するお問い合わせ、ご連絡は下記にて承ります。
https://nkbp.jp/booksQA